2016年度青岛市社会科学规划研究项目（QDSKL160516）

"互联网+精准扶贫"模式与路径研究

刘学琴 著

中国海洋大学出版社
·青岛·

图书在版编目(CIP)数据

"互联网+精准扶贫"模式与路径研究 / 刘学琴著. —青岛:中国海洋大学出版社,2017.3
 ISBN 978-7-5670-1344-5

Ⅰ.①互… Ⅱ.①刘… Ⅲ.①互联网络-应用-扶贫-研究-中国 Ⅳ.①F124.7-39

中国版本图书馆 CIP 数据核字(2017)第 056275 号

出版发行	中国海洋大学出版社
社　　址	青岛市香港东路 23 号　　邮政编码　266071
出 版 人	杨立敏
网　　址	http://www.ouc-press.com
电子信箱	coupljz@126.com
订购电话	0532-82032573(传真)
责任编辑	于德荣　　　　　　　　　电　　话　0532-85902505
印　　制	日照报业印刷有限公司
版　　次	2017 年 3 月第 1 版
印　　次	2017 年 3 月第 1 次印刷
成品尺寸	160 mm×218 mm
印　　张	14.5
字　　数	180 千
印　　数	1~1000
定　　价	29.80 元

发现印装质量问题,请致电 0633-8221365,由印刷厂负责调换。

前　言

贫困是人类发展至今仍需解决的一个世界性难题,世界反贫困任务依然任重而道远。改革开放以来,通过发展社会生产力和释放政策活力,我国成功解决了约 7.5 亿贫困人口的温饱问题,同期农村贫困发生率从 97.5％下降到 5.7％,成为世界上减贫人口最多的国家,扶贫开发工作取得了举世瞩目的成就。由于我国的贡献,全球提前 3 年完成了千年发展目标确定的"极贫人口减半"的目标。进入新的历史时期之后,随着贫困人口绝对数量的快速下降,传统扶贫模式的边际效益递减,扶贫攻坚已进入"深水区"。从贫困状况看,截至 2015 年底,我国还有 14 个集中连片特困地区、832 个贫困县和 12.8 万个贫困村,建档立卡的贫困人口 5630 万,是最难啃的"硬骨头"。按照 2020 年全面建成小康社会的目标以及中央相关决策部署,要确保在既定时间节点打赢扶贫开发攻坚战,就需要进一步加大扶贫开发力度,创新扶贫开发模式。近年来,在"互联网＋"大潮下,我国传统产业与信息网络技术深度融合并由此催生的新兴产业和新兴业态突飞猛进,为扶贫开发工作带来新的机遇,"互联网＋精准扶贫"这一创新模式应运而出。

然而,与"互联网＋"和精准扶贫研究相比,与其在反贫困的重要性和效果相比以及与实践中出现的问题相比,"互联网＋精准扶贫"的相关研究仍显不足。将互联网精神、互联网技术和传统扶贫与脱贫进行结合,创新精准扶贫与精准脱贫的运营模式、组织结构和服务体系,开启扶贫与脱贫领域新的技术革命,是经济新常态下扶贫工作的必然选择,也是贯彻落实"十三五"提出的"创新、协调、绿色、开放、共享"发展理念的具体举措。在国家提出实施大数据战略和大扶贫战略的相关背景下,如何将精准扶贫理念应用于"互联网＋精准扶贫"实践,实现"互联网＋扶贫"的"扶真贫"和"真扶贫"目标,成为业界和学界亟须解决的问题。

鉴于此,本书从系统的角度,遵循"提出问题—分析问题—解决问题"的研究思路,以系统理论、科学发展观理论、五大发展理念为主要理论支撑,综合运用个案研究法、规范研究法、比较分析法等方法,通过阐述"为什么要研究互联网＋精准扶贫"、"什么是互联网＋精准扶贫"、"怎样实施互联网＋精准扶贫",以期为我国"互联网＋精准扶贫"理论与实践提供借鉴。

本书具体研究内容主要包括:"互联网＋党建"助推精准扶贫研究;"互联网＋农业"助推精准扶贫研究;"互联网＋旅游"助推精准扶贫研究;"互联网＋电商"助推精准扶贫研究;"互联网＋金融"助推精准扶贫研究;"互联网＋教育"助推精准扶贫研究。每一部分均按照概念内涵、发展目标、重点任务、模式路径和对策建议等版块进行组织。

研究过程中,借鉴和参考了有关专家学者的研究成果,在此表示衷心感谢。

作者
2016 年 12 月

目 录

前言 …………………………………………………………………… 1

第一章 绪论 ………………………………………………………… 1
 第一节 研究背景及意义 ………………………………………… 1
 第二节 国内外研究综述 ………………………………………… 3
 第三节 研究内容和框架结构 …………………………………… 22

第二章 "互联网＋精准扶贫"基础 ……………………………… 29
 第一节 精准扶贫概述 …………………………………………… 29
 第二节 "互联网＋"与精准扶贫的关系 ……………………… 39
 第三节 "互联网＋"助推精准扶贫的总体思路 ……………… 49

第三章 "互联网＋党建"精准扶贫模式与路径 ………………… 69
 第一节 "互联网＋党建"概述 ………………………………… 70
 第二节 "互联网＋党建"与精准扶贫的关系 ………………… 78
 第三节 "互联网＋党建"助推精准扶贫的发展目标 ………… 81
 第四节 "互联网＋党建"助推精准扶贫的重点任务 ………… 83
 第五节 "互联网＋党建"助推精准扶贫的对策建议 ………… 88

第四章 "互联网＋农业"精准扶贫模式与路径 ………………… 95
 第一节 "互联网＋农业"概述 ………………………………… 95

第二节 "互联网＋农业"与精准扶贫的关系 …………… 98
第三节 "互联网＋农业"精准扶贫方面的存在问题
………………………………………………………… 101
第四节 "互联网＋农业"助推精准扶贫的重点任务
………………………………………………………… 103
第五节 "互联网＋农业"助推精准扶贫的对策建议
………………………………………………………… 107

第五章 "互联网＋旅游"精准扶贫模式与路径 …………… 110
第一节 "互联网＋旅游"概述 ………………………… 110
第二节 "互联网＋旅游"与精准扶贫的关系 …………… 114
第三节 "互联网＋旅游"助推精准扶贫的发展目标
………………………………………………………… 118
第四节 "互联网＋旅游"助推精准扶贫的模式探究
………………………………………………………… 121
第五节 "互联网＋旅游"助推精准扶贫的对策建议
………………………………………………………… 126

第六章 "互联网＋电商"精准扶贫模式与路径 …………… 131
第一节 "互联网＋电商"概述 ………………………… 132
第二节 "互联网＋电商"与精准扶贫的关系 …………… 137
第三节 "互联网＋电商"助推精准扶贫的层次结构
………………………………………………………… 140
第四节 "互联网＋电商"助推精准扶贫的主要模式
………………………………………………………… 143
第五节 "互联网＋电商"助推精准扶贫的对策建议
………………………………………………………… 150

第七章 "互联网＋金融"精准扶贫模式与路径 ……… 155
第一节 "互联网＋金融"概述 ……………………… 155
第二节 "互联网＋金融"与精准扶贫的关系 ……… 160
第三节 "互联网＋金融"助推精准扶贫的发展目标
　　　 ………………………………………………… 163
第四节 "互联网＋金融"助推精准扶贫的主要模式
　　　 ………………………………………………… 165
第五节 "互联网＋金融"助推精准扶贫的对策建议
　　　 ………………………………………………… 171

第八章 "互联网＋教育"精准扶贫模式与路径 ……… 176
第一节 "互联网＋教育"概述 ……………………… 176
第二节 "互联网＋教育"与精准扶贫的关系 ……… 181
第三节 "互联网＋教育"助推精准扶贫的发展目标
　　　 ………………………………………………… 185
第四节 "互联网＋教育"助推精准扶贫的重点任务
　　　 ………………………………………………… 188
第五节 "互联网＋教育"助推精准扶贫的对策建议
　　　 ………………………………………………… 192

第九章 山东省青岛市精准扶贫实践 ………………… 198
第一节 山东省青岛市的基本情况 ………………… 198
第二节 山东省青岛市的扶贫状况 ………………… 199
第三节 山东省青岛市精准扶贫举措 ……………… 202
第四节 山东省青岛市精准扶贫成效 ……………… 212

参考文献 ………………………………………………… 216

第一章 绪 论

第一节 研究背景及意义

反贫困是古今中外治国理政的大事。打赢脱贫攻坚战,事关全面建成小康社会,事关人民福祉,事关巩固党的执政基础,事关国家长治久安,事关我国国际形象,是全党全国全社会的共同责任。党的十八大正式提出到2020年全面建成小康社会的奋斗目标以来,以习近平同志为核心的党中央把扶贫开发工作摆到治国理政的重要位置,纳入"五位一体"总体布局和"四个全面"战略布局进行决策部署,出台系列重大政策措施,不断创新完善扶贫理论与工作实践,我国扶贫开发工作取得了令人瞩目的巨大成就。"十二五"期间,现行标准下农村贫困人口减少1亿多人,贫困发生率从17.2%降至5.7%,降低了11.5个百分点,贫困人口生产生活条件明显改善,贫困地区基本公共服务水平与全国平均水平的差距逐步缩小。

"十三五"时期,是全面建成小康社会的决胜阶段,也是脱贫攻坚的冲刺阶段。当前,贫困问题依然是我国经济社会发展中最突出的"短板",脱贫攻坚形势复杂严峻。从贫困状况看,我国目前的这些贫困人口不仅贫困程度更深、自身发展能力更弱,而且减贫成本更高,脱贫难度更大。从发展环境看,受世界经济增长动力不足与国内经济调控转型等影响,我国经济下行压力加大,财政增收减支形势比较严峻;贫困地区基础设施和基本公共服务供给能力"短板"突出,县级财力薄弱,产业结构单一,且低端化与趋同化并存;贫困人口劳动技能不足,就业渠道狭窄等。为科学指导"十三五"期间脱贫攻坚工作,2016年11月,国务院印发了《"十三五"脱贫攻坚规划》。这是我国扶贫开发历史上编制的第一个五年规划,实现了与国民经济和社会发展五年规划的无缝衔接。

《"十三五"脱贫攻坚规划》以新时期中央扶贫开发系列决策部署为总遵循,以精准扶贫、精准脱贫基本方略为总引领,以确保贫困地区和贫困人口与全国一道进入全面小康社会为总目标,既突出了宏观指导性,也强调了微观可操作性,主要阐述了"十三五"时期脱贫攻坚工作的指导思想、基本原则、主要目标、重点任务、保障措施等,明确了产业发展、转移就业、易地搬迁、教育扶贫、健康扶贫、生态保护、兜底保障、社会帮扶、区域发展等方面的重大举措、重大工程和重大项目,是各地区、各部门推进脱贫攻坚工作的行动指南,也是制定扶贫相关专项规划的重要依据。

打赢脱贫攻坚战,确保到2020年现行标准下农村贫困人口实现脱贫,是促进全体人民共享改革发展成果、实现共同富裕的重大举措,是促进区域协调发展、跨越"中等收入陷阱"的重要途径,是促进民族团结、边疆稳固的重要保证,是全面建成小康社会的重要内容,是积极响应联合国2030年可持续发展议程的重要行动,事关人民福祉,使命光荣、责任重大。基于上述分析,本书拟将"开放、平等、协作、分享、创新"的互联网精神运用到精准扶贫与精准脱贫领域,从理论上探究"互联网+"助推精准扶贫与精准脱贫的内在机理和动力机制,并构建以大数据为基础的精准扶贫与精准脱贫的框架模型,按照"因人因地施策"的思路,

第一章 绪 论

通过将互联网技术与党建、农业、旅游、电商、金融和教育的深度融合,提出精准扶贫和精准脱贫的一揽子方案,力求探索一条具有中国特色的反贫困新路径。

第二节 国内外研究综述

与本研究相关的研究成果主要包括以下四大类。

一、反贫困与反贫困策略研究

贫困是人类所面临的共同挑战,也是我国经济社会发展中需要面对的重点问题。我国政府在消除贫困方面做出了巨大努力,并取得了显著成效。联合国发布的《千年发展目标2015年报告》显示,全球极端贫困人口已从1990年的19亿降至2015年8.36亿,其中中国的贡献率超过70%。尽管我国扶贫取得以上瞩目成就,但依然形势严峻,实现我国政府提出到2020年农村贫困人口全部脱贫的目标,目前每年还需要减贫1200万人,每个月要减贫100万人,任务极为艰巨。现阶段农民贫困存在的突出问题是贫困居民底数不清、情况不明,扶贫针对性不强,扶贫资金和项目指向不准。针对扶贫中存在的问题,我国政府在2014年提出实施精准扶贫战略,以确保到2020年实现全部脱贫,为新阶段的扶贫攻坚工作指明了方向。

首先,国内外学者对于贫困的定义有所不同。世界银行在《1990年世界发展报告》中如下定义贫困:"缺少达到最低生活水准的能力",并指出衡量生活水准不仅要考虑家庭的收入和人均支出,还要考虑那些属于社会福利的内容。欧共体委员会《向贫困开战的共同体特别行动计划的中期报告》认为:"贫困应该被理解为个人、家庭和人的群体的资源（物质的、文化的和社会的）如此有限以致他们被排除在他们所在的成员国的可以接受的最低限度的生活方式之外。"美国经济学家 Nurkse 在 1953 年出版的《不发达国家的资本形成问题》一书中，提出的贫困循环陷阱理论从资本的供给与需求方面，分析了贫困产生的机理，认为造成贫困的根源主要是资本的缺乏。此后，Nelson 提出的低水平均衡陷阱的观点，通过分析人均资本与人口增长、产出增长之间的关系，指出人均收入的增长最终将会被人口的增长所抵消，并最终导致低水平的均衡贫困陷阱。童星和林闽钢（1994）[1]将贫困定义为：贫困是经济、社会、文化落后的总称，是由低收入造成的缺乏生活所需的基本物质和服务以及没有发展的机会和手段这样一种生活状况。陈宗胜、沈扬扬和周云波（2013）[2]提出了绝对贫困（生计贫困）和相对贫困的概念，绝对贫困概念始于 20 世纪初期（Rowntree，1901），被定义为家庭总收入不足以支付维持家庭成员身体正常功能所需最低数量的生活必需品的状态，包括食品、衣服、住房等。而那些在物质和生活条件上相对于他人匮乏的状态即为相对贫困。美国经济学家 Hirschman（1958）[3]在《经济发展战略》中系统地论述了不平衡增长理论模式，认为发达国家和地区的发展或经济增长是由主导产业发展带动其他部门产业发展的非均衡式发展，投资应该选择主导产业并以此诱发其他部门产业的投资。这种非均衡的经济增长理论对发展中国家反贫困产生了较大影响。瑞典经济

---

[1] 童星，林闽钢. 我国农村贫困标准线研究[J]. 中国社会科学，1994(3)：86-98.
[2] 陈宗胜，沈扬扬，周云波. 中国农村贫困状况的绝对与相对变动——兼论相对贫困线的设定[J]. 管理世界，2013(1)：67-75.
[3] Hirschman A O. The strategy of Economic Development [M]. Yale University Press，1958：1331-1424.

学家 Myrdal 从政治、经济、社会等角度系统地研究了东南亚国家导致贫困和发展受阻的原因,提出发展中国家应从土地、教育、权利关系等方面的重点改革来改变贫困状况的建议,构成缪尔达尔的反贫困理论模式,为反贫困理论研究提供了新的视角。美国经济学家 Sen 认为,评判发展的焦点应该是以人的发展为核心,包括人的健康、教育水平等,财富、收入、技术进步等物质财富增长是为人的发展和人的福祉服务的。人口贫困的关键是能力的缺失,即贫困是对人的基本可行能力的剥夺,而不仅仅是收入水平的低下。这种观点为不发达国家反贫困活动提供了新的研究视角。联合国(2002)认为经济增长并不会自动有益于贫困群体,而需要建立配套的机制和制度来保证贫困人口受益,尤其是赋予贫困人口获得健康和教育的权利。世界银行(2009)研究报告指出,减贫的重点应该在贫困人口集中的社区增加他们参与经济、社会和政治的机会,包括参与市场经济的知识技能培训、教育发展、医疗卫生服务、提高地区自主治理能力等关键方面,为贫困居民创造脱贫发展的条件,并可以通过社会和医疗保险计划,增加他们获得信贷、进入本地市场和参与基础设施项目的机会,增强他们抵御风险和摆脱贫困的能力。

其次,国内的学者对贫困的成因进行了不少研究。张德全(1997)[1]指出财政和农民贫困归根结底是生产落后,经济不发达。我国城市贫困存在代际传递的情况,大约仅有 35% 的贫困家庭后代能够跳出"贫困陷阱"(高梦滔,2006)[2]。陈小伍等

---

[1] 张德全.扶贫与开源并举脱贫与脱补同步——远安县实现农民脱贫、财政脱补的实践与经验[J].农村财政与财务,1997(5):12-14.

[2] 高梦滔.城市贫困家庭青年就业与收入的实证研究——基于西部三个城市的微观数据[J].管理世界,2006(11):51-58.

(2007)①从结构制度、农地产权制度、文化与教育制度以及民主与法律制度等方面深入分析了农民贫困的成因,认为有效的制度供给不足是造成目前我国农村贫困的主要原因,解决农村贫困问题的出路在于合理的制度设计。刘龙等(2007)②认为农村贫困根源于其积淀的贫困文化,要实现农村富裕关键在于解决农村的贫困文化问题。孙雪霞等(2005)③从文化教育中农业职业教育的普及率低、法制教育缺乏等方面分析了农村贫困的原因。魏众等(2000)④、丘希明等(2007)⑤学者从实证的角度证实了教育培训对反贫困的巨大贡献,教育年限对脱贫有强正相关性。针对我国农村反贫困的措施,马国贤表示要将市场机制更多的引入农业,以提高农民的劳动生产率⑥。朱玲先后多次撰文,提出要提高贫困线标准,增强贫困瞄准机制的效果,转贫困区域的扶贫为贫困个体的扶贫,提出要以基本公共服务和福利保障体系普照每个贫困农民。丘希明(2007)、Janvry等(1999)⑦通过各自进行的实证数据证实,外出务工或者创业等获得非农收入能够改善农村贫困,因此,提倡贫困人口的迁移和创业基金的设立,提高贫困人口非农就业能力,实现非农就业转移。

---

① 陈小伍,王绪朗.农村贫困问题的制度性分析[J].乡村经济,2007(6):23-27.
② 刘龙,李丰春.论农村贫困文化的表现成因及其消解[J].农业现代化研究,2007,28(5):583-585.
③ 孙雪霞,刘桂玉.关于农村教育与农村贫困的思考[J].科技经济市场,2005(4):148.
④ 魏众,B.古斯塔夫森.中国农村贫困几率的变动分析——经济改革和快速增长时期的经验[J].中国农村观察,2000(3):25.
⑤ 丘希明,等.透视中国农村贫困[M].北京:经济科学出版社,2007.
⑥ 马国贤.解决农业县财政贫困是构建和谐社会政府间财政关系的核心[J].铜陵学院学报,2007(8):15.
⑦ Janvry A D,Sadoulet E & Zhu N. The Role of non-Fam Incomes in Reduction Rural Poverty and Inequality in China[J]. Journal of Economics,1999(20):46-60.

第一章 绪 论

再次,为了反贫困和精准扶贫需要对贫困的影响因素进行分析。汪三贵(2008)[①]对中国30年大规模减贫的经验进行了总结与评价,认为经济增长特别是农业和农村经济的持续增长是大规模减贫的主要推动力量,有针对性的扶贫投资对减贫也起到了补充作用。罗楚亮(2012)[②]认为贫困的变化同时受平均收入水平和收入差距变化的影响;对于给定的贫困标准,收入水平的普遍增长显然有助于贫困人口数量的下降;而收入差距的扩大则对减缓贫困具有相反的效应。攸频、田菁(2009)[③]通过对贫困减少与经济增长和收入分配的关系进行研究,得出农村人均纯收入的提高是促进贫困减少的重要因素,收入不平等在一定程度上阻碍了贫困减少,经济增长对贫困减少的积极效应大于收入不平等对贫困减少的消极效应。陈飞、卢建词(2014)[④]的研究表明收入增长使得贫困人口比例下降,但分配不公平降低了减贫速度。村干部受教育的水平对农民的收入也有一定的影响;村干部的知识化对于农户平均收入增长具有显著的促进效果,但对于贫困率的降低没有显著作用。而且村干部的知识化必须与经验有效结合才能产生增加农户收入与降低贫困发生率的双重效果(高梦滔和毕岚岚,2009)[⑤]。郭熙保、罗知(2008)[⑥]

[①] 汪三贵.在发展中战胜贫困——对中国30年大规模减贫经验的总结与评价[J].管理世界,2008(11):78-88.

[②] 罗楚亮.经济增长、收入差距与农村贫困[J].经济研究,2012(2):15-27.

[③] 攸频,田菁.贫困减少与经济增长和收入不平等的关系研究——基于时序数据[J].管理科学,2009(4):115-120.

[④] 陈飞,卢建词.收入增长与分配结构扭曲的农村减贫效应研究[J].经济研究,2014(2):101-114.

[⑤] 高梦滔,毕岚岚.村干部知识化与年轻化对农户收入的影响:基于微观面板数据的实证分析[J].管理世界,2009(7):77-84.

[⑥] 郭熙保,罗知.贸易自由化、经济增长与减轻贫困——基于中国省际数据的经验研究[J].管理世界,2008(2):15-24.

认为贸易自由化能够通过促进经济增长提高贫困人口的收入，经济增长对减轻贫困的影响随贸易自由化程度的加深而提高，而且对我国内陆地区贫困人口收入的影响程度高于沿海城市。

最后，提出反贫困的措施。徐月宾、刘凤芹和张秀兰（2007）[①]提出了"四驾马车"的反贫困政策框架，即由普遍性的医疗保障制度、普惠型社会福利、选择性社会救助以及新型开发式扶贫政策组成的"四驾马车"来共同发挥作用。张克中和冯俊诚（2010）[②]通过对1990~2006年我国通货膨胀对穷人收入增长的影响进行研究发现，保持宏观经济的稳定，抑制通货膨胀，有利于穷人分享发展成果。我国通过优先发展城市工业部门来推动工业化并推动经济增长和降低农村贫困有其必然性，在人多地少的条件下优先发展附加值较低的农业未必是一个好策略（章元等，2012）[③]。徐月宾等（2007）[④]认为我国农村的反贫困政策需要在增加中央转移支付的基础上，以建立覆盖全部农村人口的医疗保障制度为优先发展的方向，在此基础上实施针对绝对贫困人口的社会救助制度。随着我国贫困结构的变化，相对贫困问题变得日益突出，控制相对贫困水平主要应调控初始分配形成的收入分配差距，同时提高财政支出在减缓相对贫困中的作用，实施向低收入群体倾斜的支出配置政策，降低相对贫困的深度，同时保持一定的经济增长速度对有效缓解社会的相对贫困具有积极的意义

---

① 徐月宾，刘凤芹，张秀兰．中国农村反贫困政策的反思——从社会救助向社会保护转变[J]．中国社会科学，2007(3)：40-53．

② 张克中，冯俊诚．通货膨胀、不平等与亲贫式增长——来自中国的实证研究[J]．管理世界，2010(5)：27-33．

③ 章元，许庆，邬璟璟．一个农业人口大国的工业化之路：中国降低农村贫困的经验[J]．经济研究，2012(11)：76-87．

④ 徐月宾，刘凤芹，张秀兰．中国农村贫困与农村社会保障制度的重建(英文)[J]．Social Sciences in China，2007(4)：51-61．

(李永友和沈坤荣，2007)①。面对这些没有丧失劳动能力的相对贫困人口，社会更应该加强各阶层平等竞争能力的建设；在倡导劳动力自由流动、打破劳动力市场分割的同时，更多给予这些困难群体在就业能力和就业机会上的照顾和协助，而不是用再分配手段直接施予救济(顾建平，2002)②。

我国农村反贫困战略也应该在经济政策的基础上加强社会政策的运行和实施。在当前庞大的贫困基数以及分散的贫困区域前提下，提供直接对口的扶贫基金，而最基本的要求是满足最基本生活需要。在此前提下，应该加入社会保障、医疗、教育等社会政策的内容。从贫困者心理福利和生活质量的角度出发进行反贫困。我国市场经济建立之后，很长一段时间内，在政府"效率优先"的指导下，经济得到快速发展，社会财富迅速积累。但是经济转型的同时社会领域的转型相对滞后，具有反贫困作用的社会政策长时间空缺。可以看出，反贫困与以经济增长为目标的经济政策存在差异。因此，反贫困与经济发展的关系需要得到妥善的处理。反贫困的先决条件还是发展，只有经济发展，才能为扶贫提供物质保障。但是，实践证实，发展并不意味着贫穷的自动消失，也有可能导致贫富差距。今后，一方面，总体方针应为城市支持农村、工业反哺农业，加大对"三农"建设的财力和物质支持力度。另一方面，完善"三农"发展的要素条件，在劳动力就业培训和专业就业、医疗健康保障体系、福利保障体系等社会政策上做足做好，提高反贫困的针对性和成效。

---

① 李永友，沈坤荣.财政支出结构、相对贫困与经济增长[J].管理世界，2007(11)：14-26.

② 顾建平.可支配收入、劳动力流动与劳动力市场分割——透视苏南等发达地区弱势劳动力的贫困问题[J].管理世界，2002(9)：78-83.

二、我国扶贫及扶贫瞄准研究

(一)扶贫相关研究

扶贫即扶持贫困,是以减少贫困为阶段目标、以消除贫困为最终目标的行为过程。在国内学者中,康晓光(1995)[①]按照影响生活质量因素,认为贫困主要包括制度贫困、区域贫困以及阶层贫困三种类型。其中,区域贫困是由于制度背景相同但区域自然条件和社会发展的差异所造成的。而阶层贫困则是在相同制度环境下,同一空间层面的群体或个人之间,由于身体素质、文化程度、生产资料、家庭劳动以及社会关系方面的缺失或劣势等造成其获取有限资源的能力较差,导致贫困的状况。黄承伟(2004)[②]认为农村的贫困问题主要受到发展基础差、发展能力低、发展权利不足或发展机会少等三类因素的制约,并由此将贫困分为环境约束型、能力约束型和权利约束型。环境约束型贫困是地区发展受到恶劣环境的限制而导致的贫困。能力约束型贫困是指贫困地区或个人的发展能力低下而导致的贫困;权利约束型贫困则是由于体制问题而发展受限的贫困状况。郑世艳、吴国清(2008)[③]认为提升贫困人口发展能力是有效解决农村贫困问题的重要途径,可以通过大力推进农村地区教育事业的发展、社会保障和社会服务质量提高贫困群众的社会参与度。王科(2008)[④]在明确区域自我发展力概念的基础上,提出了我

---

① 康晓光.90年代我国的贫困与反贫困战略[J].中国国情国力,1995(7):10-13.
② 黄承伟.中国农村反贫困的实践与思考[M].北京:中国财政经济出版社,2004.
③ 郑世艳,吴国清.消除能力贫困——农村反贫困的新思路[J].农村经济与科技,2008(6):24-26.
④ 王科.中国贫困地区自我发展能力解构与培育——基于主体功能区的新视角[J].甘肃社会科学,2008(3):100-103.

国政府主导的扶贫开发致使贫困地区自我发展能力不足、贫困区域化凸显,以及扶贫成效下降的观点,并建议通过培养贫困地区自我发展能力来提高扶贫开发的成效。也有学者认为,政府主导的开发式扶贫存在缺陷是影响我国扶贫策略有效性的重要因素。王晓敏(2009)[1]认为我国目前的农村财政扶贫政策存在很多问题,制约了农村扶贫开发进程。余明江(2010)[2]指出,无论是对贫困原因的思考,还是扶贫政策的制定,现行反贫困战略都背离了一个最基本的事实,即人是生产力的决定性因素,经济发展和经济增长主要取决于人素质的提高。张新文等(2011)[3]指出目前我国的农村扶贫是单向的政府活动,造成这种现象的原因主要是国家分配扶贫资源失衡,加之扶贫对象的利益诉求表达不畅、扶贫部门执行结构科层化使得政府主导扶贫成效不足。欧海燕等(2015)[4]认为自然地理条件对农民收入和农村贫困率有显著影响,政府完善地区经济的区域发展和差异化策略,有利于缓解自然地理环境较差所产生的贫困效应,农业经济的发展对农村贫困率的减低有显著性影响。张立群(2012)[5]认为只有坚持以内生发展的方式,才能有效推进连片地区的发展。其中,调整产业结构是根本,发挥资源优势是基础,培育新型农民是关键,革新政策机制是保障。

---

[1] 王晓敏.浅议新时期我国农村的反贫困政策[J].中共郑州市委党校学报,2009(5):124-125.
[2] 余明江.我国农村反贫困机制的构建——基于"政府—市场"双导向视角的研究[J].安徽农业大学学报(社会科学版),2010(5):5-10.
[3] 张新文,吴德江.新时期农村扶贫中的政府行为探讨[J].郑州航空工业管理学院学报,2011(5):141-144.
[4] 欧海燕,黄国勇.自然地理环境贫困效应实证分析——基于空间贫困理论视角[J].安徽农业大学学报(社会科学版),2015(1):13-19.
[5] 张立群.武陵山片区可持续发展的路径探析——以湖南省7个市州的37个重点县为例[J].武陵学刊,2012(4):41-45.

我国的扶贫主要是指通过扶贫政策、扶贫计划和项目的实施,帮助贫困人口解决生产生活困难、培养自我脱贫和发展能力,并扶持贫困地区发展。尤其是在农村扶贫开发中,应用较为广泛。扶贫项目可以理解为"以减贫为目的,能使贫困人口从贫困循环陷阱中摆脱出来的项目。它是一项集中使用人力资源和物力资源等,针对贫困对象,在一定时期内、按照一定制度和程序进行的经济活动和社会活动"(陈杰,2007)[①]。

(二)扶贫瞄准与扶贫瞄准评估研究

学者对扶贫瞄准的解释,主要有两个方面:一是将其理解为一种政策或机制概念,即为有效实施扶贫计划而采取的确定扶贫区域和扶贫人口的政策或机制。二是指扶贫资源在扶贫区域、扶贫人口和扶贫项目上的分配。许源源和江胜珍(2008)[②]认为要从动态和静态的两个角度看扶贫瞄准,从动态的角度来看,扶贫瞄准是一个持续过程,包括选择、投入、管理和评估等多个环节,动态性的扶贫瞄准关注的是"如何瞄准"的问题;从静态的角度来看,扶贫瞄准是一种结果,围绕"是否瞄准"问题。他认为"扶贫瞄准是农村扶贫工作中,为选择和确定需要扶持的对象而进行的资金和资源投放的过程"。一次完整的扶贫瞄准过程是扶贫瞄准主体、扶贫瞄准对象、扶贫瞄准资金和资源以及扶贫瞄准环境等四个要素相互作用的结果。本研究认为以上对扶贫瞄准的理解较为合理,符合当前精准扶贫政策的思想,对于扶贫开发瞄准实践的解读也较为准确。

国内有关扶贫瞄准的研究主要围绕扶贫瞄准的范围以及瞄准精度两个方面。世界银行(2000)提出有效的扶贫政策应瞄准

---

① 陈杰.我国农村扶贫资金效率的理论与实证研究[D].中南大学,2007.
② 许源源,江胜珍.扶贫瞄准问题研究综述[J].生产力研究,2008(17):158-160.

到乡镇,并且实现乡镇精准的成本并不高。刘冬梅(2001)①、查道林和黄胜忠(2004)②等学者提出,应该结合贫困地区的区域情况和贫困状况来选定瞄准目标。岳希明、李实(2004)③通过实证数据分析指出,较以往而言重点县的选拔机制在贫困瞄准方面的准确性不断改善,但是多数省份的贫困县扶贫资金额与人均纯收入不存在显著关联性,也无法证明非贫困户比贫困户得到贴息贷款的机会少。他们还指出,确定贫困县的标准不单是经济指标,政治因素也有很大影响。李小云等(2005)④分析了中央财政扶贫资金对重点县的瞄准、贫困村的瞄准以及贫困人口的瞄准情况后发现,目前我国中央财政扶贫资金流出重点县比例高出规定值70%。尽管村级识别机制能够在一定程度上提高贫困瞄准精度,但是由于指标式贫困村确定方法,从制度上使得真正贫困村被非贫困村排挤出扶持范围。高鸿宾(2001)、许源源和江胜珍(2008)⑤等学者专家也认为村级瞄准更有利于进行综合性的扶贫开发,是现阶段提高瞄准效率的更有效方法。

刘坚(2006)⑥在扶贫纲要实施的中期评估报告中提到,贫困群体的识别存在目标偏离的现象,主要是由于非贫困农户排

---

① 刘冬梅.中国政府开发式扶贫资金投放效果的实证研究[J].管理世界,2001(6):123-131.
② 查道林,黄胜忠.村庄财政与反贫困的瞄准目标[J].理论月刊,2004(10):10.
③ 岳希明,李实.中国农村扶贫项目的目标定位.China & World Economy.2004(4):10.
④ 李小云,等.中国财政扶贫资金的瞄准与偏离[M].北京:社会科学文献出版社,2006.
⑤ 高鸿宾.扶贫开发规划研究[M].中国财政经济出版社,2001.
许源源,江胜珍.扶贫瞄准问题研究综述[J].生产力研究,2008(17):158-160.
⑥ 刘坚.新阶段扶贫开发的成就与挑战:《中国农村扶贫开发纲要(2001—2010年)》中期评估报告[M].北京:中国财政经济出版社,2006.

挤了贫困农户并从扶贫资源中受益。这是扶贫资源作为公共产品所带来外溢效应,并且是由于扶贫资源使用方式不科学、缺乏科学的扶贫对象进出机制,导致了这种排挤现象的出现。享受扶贫资源的贫困村或贫困县虽已脱贫,但是在较大利益诱惑下不愿"摘帽",仍然不断争取贫困指标甚至弄虚作假。汪三贵等(2007)[①]使用"瞄准缺口"与"瞄准错误"对国定贫困县、贫困村的瞄准效率进行了评估。他指出在精确瞄准状态下,如果以收入为划定标准,有48%应该被确定为贫困村的村没有被瞄准。并且,由于东部和中部地区以及非贫困县有更大的瞄准错误,尽管西部地区贫困县确定的贫困村覆盖贫困人口的比例更高,但总体的村级瞄准并没有比县级瞄准覆盖更多的贫困人口。同时,基于实证数据的研究结果显示贫困村内居住的极端贫困人口的比例却在下降。瞄准对象下移到村级后,伴随着经济、社会的发展,贫困人口的特点也在变化,而扶贫的瞄准绩效不断下降。郭佩霞(2008)[②]认为,瞄准度低下是我国少数民族地区扶贫行动的固有弊病,要修正该目标瞄准偏差,需要对民族地区的反贫困目标瞄准机制进行重构。许源源和江胜珍(2008)[③]认为衡量扶贫是否瞄准要从两个方面考虑,一是要看扶贫资金和扶贫资源是否瞄准了贫困地区和贫困人口的需求,二是贫困地区和贫困人口的瞄准要注意扶贫资金投放的时序性。此外,导致扶贫瞄不准或偏离的,既有政府权力结构、扶贫制度环境方面的

---

① 汪三贵,王姮,王萍萍.中国农村贫困家庭的识别[J].农业技术经济,2007(1):20-31.

汪三贵,Albert Park,Shubham Chaudhuri,Gaurav Datt.中国新时期农村扶贫与村级贫困瞄准[J].管理世界,2007(1):56-64.

② 郭佩霞.民族地区反贫困目标瞄准机制的建构——基于凉山彝区的分析[J].农村经济,2008(3):48-50.

③ 许源源,江胜珍.扶贫瞄准问题研究综述[J].生产力研究,2008(17):158-160.

原因,也有扶贫理念方面的原因即"和谐理念"的缺失。谢东梅等(2011)①以宁夏生态移民扶贫为例,通过构建生态移民瞄准精度评价指标体系,运用 Probit 模型对生态移民项目的瞄准精度进行实证分析。叶初升、邹欣(2012)②运用瞄准精度衡量标准和 DEA 分析法从微观与宏观两个层面对扶贫瞄准绩效进行了定量分析,发现我国扶贫瞄准存在严重的漏缺和溢出现象,并指出有效瞄准机制的缺乏是导致扶贫瞄准效率低下的重要原因。

三、精准扶贫与精准脱贫研究

一直以来,我国始终坚持普惠政策和特惠政策相结合,先后实施《国家八七扶贫攻坚计划(1994—2000 年)》、《中国农村扶贫开发纲要(2001—2010 年)》、《中国农村扶贫开发纲要(2011—2020 年)》,在加大对农村、农业、农民普惠政策支持的基础上,对贫困人口实施特惠政策,做到应扶尽扶、应保尽保。就扶贫标准而言,2008 年以前我国政府设定两个扶贫标准,即绝对贫困标准和低收入标准。1986 年的绝对贫困标准为 206 元,2007 年为 785 元;2000 年的低收入标准为 865 元,2007 年底为 1067 元。2008 年,绝对贫困标准和低收入标准合一,统一使用 1067 元作为国家扶贫标准。我国目前的贫困线是 2011 年确定的,农村(人均纯收入)贫困标准为 2300 元,这比 2010 的 1274 元贫困标准提高了 80%。以 2011 年 2300 元不变价为基准(此基准可

---

① 谢东梅,李晓明,刘乔巧.生态移民瞄准精度实证研究——以宁夏为例[J].农业技术经济,2011(9):24-32.
谢东梅.农户生计资产量化分析方法的应用与验证——基于福建省农村最低生活保障目标家庭瞄准效率的调研数据[J].技术经济,2009(9):43-49.
② 叶初升,邹欣.扶贫瞄准的绩效评估与机制设计[J].华南农业大学学报(社会科学版),2012(1):63-69.

能不定期调整），2015年为2800元，2016年约为3000元。经过此次大幅上调，我国国家扶贫标准线与世界银行的名义国际贫困标准线的距离为史上最近。国际贫困线标准为每人每天1.9美元。

就特色而论，我国的扶贫，尤其是本届政府的精准扶贫，是以政府主导并把扶贫开发纳入国家总体发展战略开展大规模专项扶贫行动，针对特定人群组织实施妇女儿童、残疾人、少数民族发展规划。坚持开发式扶贫方针，把发展作为解决贫困的根本途径，既扶贫又扶志，调动扶贫对象的积极性，提高其发展能力，发挥其主体作用。充分发挥我国制度优势，坚持动员全社会参与，构建政府、社会、市场协同推进的大扶贫格局，形成跨地区、跨部门、跨单位、全社会共同参与的多元主体的社会扶贫体系。计划到2020年，我国将通过产业扶持、转移就业、易地搬迁、教育支持、医疗救助等措施实现5000万左右贫困人口脱贫，并把完全或部分丧失劳动能力的2000多万人口全部纳入农村低保制度覆盖范围，实行社保政策兜底脱贫。

习近平总书记在2015年中央扶贫开发工作会议上指出，要坚持精准扶贫、精准脱贫，重在提高脱贫攻坚成效，关键是要找准路子，构建好的体制机制，在精准施策上出实招、在精准推进上下实功、在精准落地上见实效，重点要解决好"扶持谁"、"谁扶持"和"怎么扶"的问题。

精准扶贫机制主要包括四个方面的内容。一是将贫困户和贫困村精准识别出来，并建档立卡。它是精准扶贫的前提，以农户收入为基本依据，综合考虑住房、教育、健康等情况。二是对识别出来的贫困户和贫困村深入分析致贫原因，采取有针对性的措施，实行精准帮扶。三是精准管理，对扶贫对象以及扶贫绩效的精准管理，一方面通过贫困户信息网络系统实行动态管理，及时跟踪监测扶贫举措与实施效果，实现扶贫对象的有效进出，

第一章　绪　论

另一方面通过建立扶贫资金信息的披露制度和扶贫项目、对象的公示公告制度,确保财政扶贫资金能够正规使用。四是对贫困户和贫困村识别、帮扶、管理成效的精准考核,以及对贫困县开展扶贫工作情况的量化考核,奖优罚劣,保证各项扶贫政策落到实处,并建立精准扶贫考核机制。

精准脱贫即精准摆脱贫困。中央要求实现精准脱贫,防止平均数掩盖大多数①。精准扶贫是为了精准脱贫。要设定时间表,实现有序退出,既要防止拖延病,又要防止急躁症。要留出缓冲期,在一定时间内实行摘帽不摘政策。要实行严格评估,按照摘帽标准验收。要实行逐户销号,做到脱贫到人,脱没脱贫要同群众一起算账,要群众认账(习近平,2015)②。

四、互联网应用扶贫与脱贫研究

"互联网+",已被有些人称为中国版的4.0。工业4.0最初是德国政府的一项国家战略,工业4.0理论认为,18世纪引入机械制作设备的工业是1.0时代,20世纪初的电气化是2.0时代,20世纪70年代开始的利用电子信息化技术的自动化工业是3.0时代,而工业4.0意味着基于信息物理系统的智能制造时代的到来。

"互联网+"是互联网思维的进一步实践成果,它代表一种先进的生产力,推动经济形态不断发生演变,从而带动社会经济实体的生命力,为改革、发展、创新提供广阔的网络平台。打个比方,第二次工业革命中,电力让很多行业发生翻天覆地的变

---

① 中央要求实现精准脱贫 防止平均数掩盖大多数. 腾讯网. 2014-12-12.
② 习近平:脱贫攻坚战冲锋号已经吹响 全党全国咬定目标苦干实干. 新华网. 2015-11-28.

化,未来互联网也会像电一样,作为一种生产力工具,给每个行业带来效率的大幅提升。

通俗来说,"互联网+"就是"互联网+各个传统行业",但并不是简单的两者相加,而是利用信息通信技术以及互联网平台,让互联网与传统行业进行深度融合,创造新的发展生态。几十年来,"互联网+"已经改造及影响了多个行业,大众耳熟能详的在线旅游、在线影视、在线房产等行业都是"互联网+"的杰作。比如在民生领域,你可以在各级政府的公众账号享受服务,如某地交警可以在60秒内完成罚款收取等,移动电子政务将会成为推进国家治理体系的工具。比如在医疗领域,将有更多医院上线APP全流程就诊,支持网络挂号,就医时间就会被节省,就医效率也将提升。再如在教育领域,面向中小学、大学、职业教育、IT培训等多层次人群开放课程,你可以足不出户在家上课。

"互联网+"不仅正在全面应用到第三产业,形成了诸如互联网金融、互联网交通、互联网医疗、互联网教育等新业态,而且正在向第一和第二产业渗透。农业互联网正在从电子商务等网络销售环节向生产领域渗透,为农业带来新的机遇。工业互联网也在从消费品工业向装备制造和能源、新材料等工业领域渗透,全面推动传统工业生产方式的转变,用户甚至可以直接参与到产品的研发中。"互联网+"催生出巨大市场。这些都具备高科技、高附加值、高成长性,有很大的创业投资规模。

(一)"互联网+"概念提出

国内"互联网+"理念的提出,最早可以追溯到2012年11月于扬在易观第五届移动互联网博览会的发言。易观国际董事长兼首席执行官于扬首次提出"互联网+"理念。他认为"在未来,'互联网+'公式应该是所在的行业的产品和服务,在与多屏全网跨平台用户场景结合之后产生的一种化学公式"。

第一章　绪　论

2014年11月,李克强总理出席首届世界互联网大会时指出,互联网是大众创业、万众创新的新工具。其中"大众创业、万众创新"正是此次政府工作报告中的重要主题,被称作我国经济提质增效升级的"新引擎",可见其重要作用。

2015年3月,全国"两会"上,全国人大代表马化腾提交了《关于以"互联网＋"为驱动,推进我国经济社会创新发展的建议》的议案,对经济社会的创新提出了建议和看法。他呼吁,需要持续以"互联网＋"为驱动,鼓励产业创新、促进跨界融合、惠及社会民生,推动我国经济和社会的创新发展。马化腾表示,"互联网＋"是指利用互联网的平台、信息通信技术把互联网和包括传统行业在内的各行各业结合起来,从而在新领域创造一种新生态。

2015年3月十二届全国人大三次会议上,李克强总理在政府工作报告中首次提出"互联网＋"行动计划。李克强在政府工作报告中提出:"制定'互联网＋'行动计划,推动移动互联网、云计算、大数据、物联网等与现代制造业结合,促进电子商务、工业互联网和互联网金融健康发展,引导互联网企业拓展国际市场。"

(二)"互联网＋"主要特征

"互联网＋"有六大特征。

一是跨界融合。"＋"就是跨界,就是变革,就是开放,就是重塑融合。敢于跨界了,创新的基础就更坚实;融合协同了,群体智能才会实现,从研发到产业化的路径才会更垂直。融合本身也指代身份的融合,客户消费转化为投资,伙伴参与创新,等等,不一而足。

二是创新驱动。我国粗放的资源驱动型增长方式早就难以为继,必须转变到创新驱动发展这条正确的道路上来。这正是互联网的特质,用所谓的互联网思维来求变、自我革命,也更能发挥创新的力量。

三是重塑结构。信息革命、全球化、互联网业已打破了原有的社会结构、经济结构、地缘结构、文化结构。权力、议事规则、话语权不断在发生变化。互联网＋社会治理、虚拟社会治理会是很大的不同。

四是尊重人性。人性是推动科技进步、经济增长、社会进步、文化繁荣的最根本的力量,互联网的力量之强大最根本的也来源于对人性的最大限度的尊重、对人体验的敬畏、对人的创造性发挥的重视。比如 UGC,比如卷入式营销,比如分享经济。

五是开放生态。关于"互联网＋",生态是非常重要的特征,而生态的本身就是开放的。我们推进"互联网＋",其中一个重要的方向就是要把过去制约创新的环节化解掉,把孤岛式创新连接起来,让研发由人性决定的市场驱动,让创业并努力者有机会实现价值。

六是连接一切。连接是有层次的,可连接性是有差异的,连接的价值是相差很大的,但是连接一切是"互联网＋"的目标。

(三)"互联网＋"扶贫研究

当今是一个变革的时代,互联网的快速普及推进了我国的信息化进程。进入 21 世纪,信息技术对贫困治理的作用引起人们高度关注。联合国(2003、2005)明确提出要坚定不移地赋予边远地区、农村和边缘化城区的穷人获得信息和使用信息通信技术的能力,使其借此摆脱贫困。国内实践方面,近年来我国出现了利用电子商务扶贫的江苏省沙集、河北省清河、浙江省遂昌和丽水等成功模式[①]。理论研究方面,汪向东等(2014)提出了

[①] 汪向东,张才明.互联网时代农村减贫扶贫新思路——"沙集模式"的启示[J].信息化建设,2011(2):7-9.

以电商引导产业扶贫开发、将电子商务与精准扶贫结合起来、引入电商金融扶贫、完善扶贫基础设施建设等对策措施;阿里研究院(2013)利用阿里巴巴大数据分析了2013年农产品电子商务发展状况,指出了我国农村电子商务存在的碎片化等四大挑战和规模扩张等四大发展趋势;浙江大学管理学院《包容性创新》课题组(2014)[①]认为中国涉农电子商务的发展,正成为全球包容性创新和增长的典范。

目前,大数据技术不仅成为经济与社会发展的重要引擎,也成为解决民生问题的重要技术支撑。大数据技术被广泛应用于支撑解决贫困、失业、生态环境、公共安全、教育等民生问题,取得了一定成效。解决民众基本生计是民生问题最基本的表征。大数据技术能够早期预警某个地区失业率、收入状态的变动,为政府解决就业和收入问题提供决策支撑。就扶贫对象是否脱贫、是否需要进一步扶贫等有关问题,联合国提出了"全球脉动"新计划,利用大数据分析和预测某个给定地区的失业率、健康状况、收入状况等,为扶贫援助项目提供决策选择。周光华等(2013)[②]探讨了医疗卫生领域大数据应用;任志锋和陶立业(2014)[③]对政府如何利用大数据提出了方案。将"互联网+"的思维应用到精准扶贫领域,必然会为我国的扶贫攻坚计划提供有力的技术保障。

---

① 中国电子商务研究中心.浙江大学管理学院《包容性创新》课题组.包容性创新和增长:中国涉农电子商务研究报告[EB/OL]. http://www.100ec.cn/detail-6207120.html,2014-10-30.

② 周光华,辛英,张雅洁,等.医疗卫生领域大数据应用探讨[J].中国卫生信息管理,2013(4):296-300.

③ 任志锋,陶立业.论大数据背景下的政府"循数"治理[J].理论探索,2014(6):82-86.

第三节　研究内容和框架结构

在党的十八届五中全会提出的全面建成小康社会新的目标要求中,到 2020 年"我国现行标准下农村贫困人口实现脱贫"备受关注。如何完成这一艰巨的任务?《中共中央关于制定国民经济和社会发展第十三个五年规划的建议》(以下简称《建议》)给出了答案:实施精准扶贫、精准脱贫,因人因地施策,提高扶贫实效。可见,要实现这一目标,"精准"是关键,"因人因地施策"是路径,"提高扶贫实效"是目标。"到 2020 年,通过产业扶持,可以解决 3000 万人脱贫;通过转移就业,可以解决 1000 万人脱贫;通过易地搬迁,可以解决 1000 万人脱贫,总计 5000 万人左右。还有 2000 多万完全或部分丧失劳动能力的贫困人口,可以通过全部纳入低保覆盖范围,实现社保政策兜底脱贫。"在关于《建议》的说明中,习近平总书记给出了扶贫工作路线图,而贯穿其中的正是精准扶贫的理念。

如何做到"精准"? 这里的精准,是指扶贫全过程的精准,包括精准的识别、精准的帮扶、精准的管理和精准的考核四个环节,做到扶贫对象精准、措施到户精准、项目安排精准、资金使用精准、因村派人精准、脱贫成效精准。如何做到全过程的精准? 就需要一套有效的机制和平台,在每一个环节都能精确,这离不开信息化,离不开大数据。

大数据时代,互联网技术的发展为实现精准扶贫提供了坚实的技术基础,大数据应用能够揭示传统技术方式难以展现的关联关系,建立"用数据说话、用数据决策、用数据管理、用数据创新"的管理机制,实现基于大数据的精准扶贫决策,推动构建精准扶贫工作长效机制,为科学扶贫奠定坚实基础。通过研究扶贫数据建立模型,提高对数据的分析和应用,让扶贫工作变得更加透明、高效、精准和全面。大数据扶贫可以有效地解决我国长期以来扶贫工作普遍存在的扶贫对象不精准、扶贫资金有限、筹措方式单一、投放不精准等诸多问题。大数据已成为提升政府治理能力的新途径,在精准扶贫过程中充分应用大数据的呼声也越来越高,要打赢脱贫攻坚战,必须充分发挥网络扶贫的重要作用,拓展平台、拓宽渠道、加强互动,增强群众脱贫致富的内生力和驱动力。

一、总体研究框架

本研究的总体框架如图 1-1 所示。

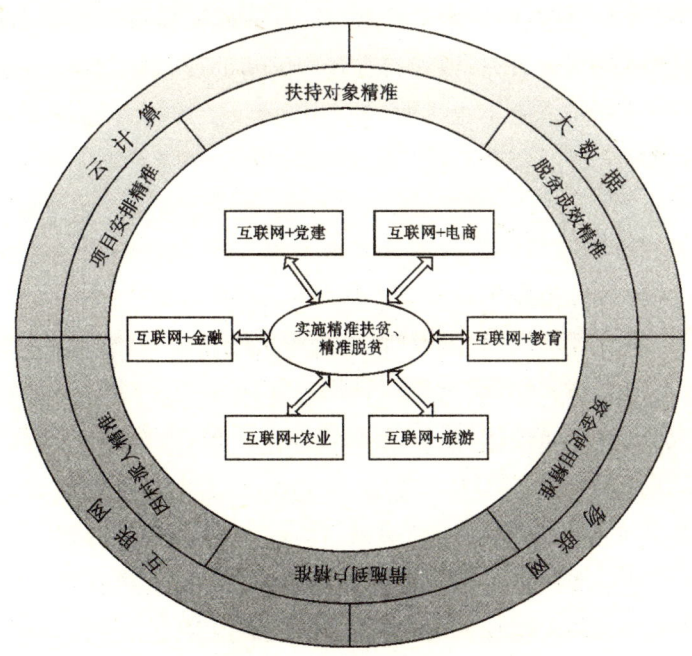

图 1-1　总体研究框架图

图 1-1 中,整体框架体现了"一点三圈六面"的总体布局。"一点"是围绕"实施精准扶贫、精准脱贫"这一中心点。"三圈"的外圈是以大数据为代表的互联网新技术,是研究的主要技术基础,体现了研究要立足新技术;中间圈是以"六个精准"为要求的内在标准,是研究的主要内在要求,体现了研究要立足扶贫全过程;里圈则是以"党建、农业、旅游、电商、金融和教育"六个方面为主要抓手,充分融合互联网思维,创新新型模式和新型业态,激活增收致富活力,是破解精准扶贫和精准脱贫的关键。具体思路是以大数据为代表的"互联网+"技术为依托,立足贫困区域的资源禀赋,切实贯彻"创新、协调、绿色、开放、共享"的发展理念,按照习近平总书记提出的"扶持对象精准、项目安排精准、资金使用精准、措施到户精准、因村派人精准、脱贫成效精准"要求,对"互联网+精准扶贫"和"互联网+精准脱贫"从理论到实践进行深入研究,探索符合我国国情的反贫困之路,在带领亿万人民奔向全面小康之时,让"中国经验"成为人类与贫困的斗争中更宝贵的资产。

二、内在逻辑结构

本研究的内在逻辑结构如图 1-2 所示。

本研究基于"互联网+"重点解决精准扶贫与精准脱贫中的以下关键问题。

如何推动扶贫由"救济式"向"导航式"转变的问题:解决方案是党建+互联网。基层党组织是党全部工作和战斗力的基础,是落实党的路线方针政策和各项工作任务的战斗堡垒。党建扶贫是精准扶贫的重要导航,是确保完成扶贫重任的组织保证。精准扶贫要实现扶贫先扶志、扶贫重扶智的良性循环,党建扶贫是关键所在。本部分研究在分析国内外研究现状的基础

第一章 绪 论

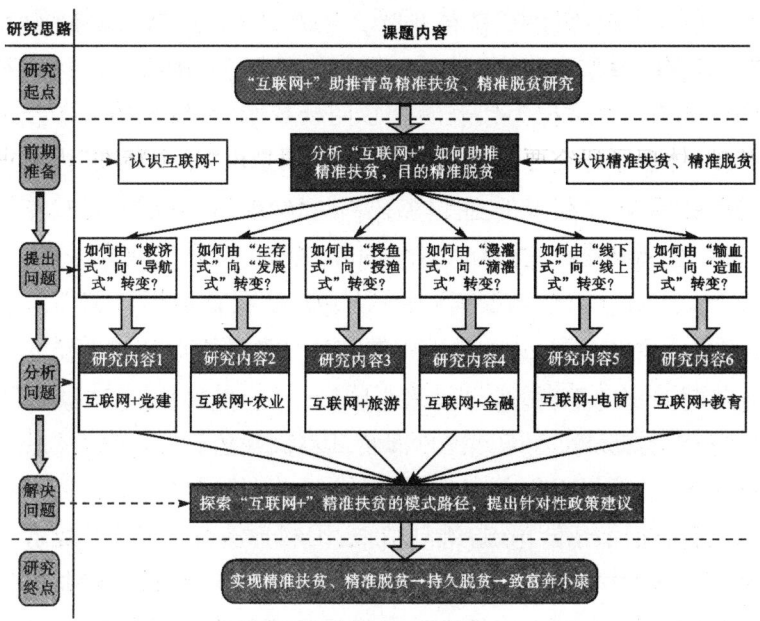

图 1-2 研究的逻辑结构

上,提出目前我国信息化党建模式构建中存在的问题、目标要求及总体思路,探寻"党建+互联网"助推精准扶贫与精准脱贫的实现路径,并提出针对性政策建议。

如何推动扶贫由"生存式"向"发展式"转变的问题:解决方案是农业+互联网。坚持因地制宜,立足贫困地区的资源禀赋,结合扶贫对象的区域分布、生产特点等因素综合考虑,把"互联网+"作为引擎,"量身定制"专业化、接地气的特色产业,发挥后发优势,培育持续脱贫致富的"智慧农业",以产扶贫、以产扭贫、以产脱贫。本部分研究内容重点分析经济新常态下互联网如何倒逼农业结构调整以及转型升级,如何从上游、中游和下游等各个层面渗透并重塑农业产业链的各个环节,探寻"农业+互联网"助推精准扶贫与精准脱贫的实现路径,并提出针对性政策建议。

25

如何推动扶贫由"授鱼式"向"授渔式"转变的问题:解决方案是旅游+互联网。授人以鱼不如授人以渔,扶贫的关键在于扶人、扶智。谋划、落实好"互联网+""旅游+"就等于为扶贫插上双翅,有效解决当前本地乡村旅游发展中存在的规划和市场理念缺乏、产品同质化、布局碎片化、经营粗放化较为严重,以及其基础设施相对薄弱等问题,缩小贫困地区与发达地区的数字鸿沟、文化鸿沟,提高贫困地区人口素质,从而解决贫困的根源问题。本部分研究内容在总结概括现有旅游扶贫发展状况及存在问题的基础上,构建出立体化旅游、整体租赁、城乡相助等扶贫模式,探寻精准扶贫与精准脱贫的机制和路径,并提出针对性政策建议。

如何推动扶贫由"漫灌式"向"滴灌式"转变的问题:解决方案是金融+互联网。在传统金融扶贫无法完全满足贫困地区刚性需求的情况下,可以金融扶贫为依托,发展互联网金融,携手传统金融一起开展扶贫开发,创新互联网金融产品,培育新型互联网金融业态。本部分研究内容在总结概括现有金融业存在问题的基础上,采用"互联网+"思维创新互联网金融产品或新型金融业态,以满足服务贫困户切实需要,采用政策引导、市场化运营的思路,探寻精准扶贫与精准脱贫的机制和路径,并提出针对性政策建议。

如何推动扶贫由"线下式"向"线上式"转变的问题:解决方案是电商+互联网。通过"互联网+"开展电子商务,让农民搭上"互联网+"这班"时代快车",促进农业"小生产"与电商"大市场"的有效对接,推动农村三次产业融合发展,带动农民增收和农村就业创业。本部分研究内容重点在总结概括现有农村电子商务成功模式的基础上,采用"互联网+"思想与技术,探寻精准扶贫与精准脱贫的机制和路径,并提出针对性政策建议。

第一章 绪 论

如何推动扶贫由"输血式"向"造血式"转变的问题:解决方案是教育＋互联网,通过"互联网＋"开展教育扶贫,利用互联网平台化、平等化、开放化优势,激发内生动力,实现教育公平,有效改变教育资源分配不均衡的状况,让教育扶贫产生新的"化学反应",让贫困地区群众享受数字红利,切实提高贫困人口的就业、创业能力。本部分研究内容在调研不同贫困区域教育资源差异化的基础上,探寻"教育＋互联网"助推精准扶贫与精准脱贫的机制和路径,并提出针对性政策建议。

除了以上六部分主要内容外,还需要对"互联网＋"与精准扶贫的内涵、关系等基础理论进行研究,对每部分的研究成果进行概括和凝练,并提出有针对性的政策建议。

"互联网＋"代表一种新的经济形态,通过充分发挥互联网在生产要素配置中的优化和集成作用,将互联网的创新成果深度融合于经济社会各领域之中,提升实体经济的创新力和生产力,形成更广泛的以互联网为基础设施和实现工具的经济发展新形态。而精准扶贫与精准脱贫是2020年前这一段时间内我国扶贫工作的工作重点。如何发挥"互联网＋"的技术优势,与扶贫工作进行深度融合,通过模式创新、机制创新来提高扶贫效能,就需要对"互联网＋"扶贫的本质、特征以及内在机理等进行深入研究,丰富扶贫相关理论。本研究前部分从"互联网＋精准扶贫"与"互联网＋精准脱贫"的科学内涵入手,在细致分析其内部相关性的基础上,深入剖析其内在机理和动力机制,为具体通过"互联网＋"与党建、农业、旅游、电商、金融和教育进行深度融合来实现精准扶贫与精准脱贫打下相应的理论基础。

坚持精准扶贫、精准脱贫,重在提高脱贫攻坚成效。关键是要找准路子、构建好的体制机制,在精准施策上出实招、在精准推进上下实功、在精准落地上见实效。因此,在"互联网＋"助推精准扶贫与精准脱贫进程中,单一的模式方法往往不能彻底解决贫困问题。由于各地资源禀赋不同,贫困群体的习惯、偏好和知识结构也差异很大,所以许多扶贫模式、方法需要集中发力,采用教育扶贫、产业扶贫与其他扶贫相结合,努力打好精准扶贫"组合拳"。将我国减贫的做法放到一般意义上来考察,其主要经验是:实行综合的减贫方式;发挥政府、市场和社会组织在减贫中的作用;注重扶贫创新,不断改进扶贫方式。在上述具体内容基础上,本研究根据不同资源禀赋提出不同的"互联网+"助推精准扶贫与精准脱贫的路径选择,并针对不同的情景提出具体的意见建议。

第二章 "互联网＋精准扶贫"基础

第一节 精准扶贫概述

一、精准扶贫的含义

2012年底,习近平总书记在河北阜平老区考察时强调指出,关于扶贫工作,不要用"手榴弹炸跳蚤"。到了 2013 年 10 月,总书记到湖南湘西考察时,首次提出了"精准扶贫"概念。他在贵州又讲了六个精准:"对象要精准、项目安排要精准、资金使用要精准、措施到位要精准、因村派人要精准、脱贫成效要精准"。目前,人们对精准扶贫的讨论主要集中于报纸和网络的宣传报道,而学术性深度研究却屈指可数,这在一定程度上造成了精准扶贫理论与实践相对脱节的状态。在仅有的数篇以精准扶贫为独立研究对象的研究成果中,王思铁(2014)认为,精准扶贫是粗放扶贫的对称,是指针对不同贫困区域环境和贫困户状况,运用科学有效程序对扶贫对象实施精确识别、精确帮扶、精确管理的治贫方式。黄承伟、覃志敏(2015)认为,"精准扶贫的实质在于将扶贫资源瞄准扶贫人群,并追求贫困人口规模稳步减少的'精准'要求",并指出"精准"二字是"贫困人口识别和扶贫资源(资金、项目)瞄准"。与之不同的是,董家丰(2014)认为"精准"应是"扶贫对象、扶贫措施与效果的精准"。在精准扶贫的实践研究中,邓维杰(2014)在四川的调查中发现精准扶贫执行中存在多种"排斥"现象,如精准识别中的人口"规模排斥"和贫困村"区域排斥",精准帮扶中的"入门排斥""需求排斥"等。为此,他提出构建自上而下和自下而上相融合的识别帮扶机制,并购买独立第三方服务来监督考核精准扶贫全过程。不可否认,上述研究为我们对精准扶贫战略的深入分析和探讨奠定了初步基础。

精准扶贫战略提出以后,一些地方出现了对精准扶贫理解简单化、教条化的现象。简单认为精准扶贫就是在短期内帮助扶贫对象增加收入,更有甚者以为将扶贫资金直接发给认定的扶贫对象,帮助其将收入提升到扶贫标准之上就是精准扶贫。这些误解在一定程度上造成了精准扶贫概念和行动上的混乱。事实上,精准扶贫的精髓和内涵是全面扶贫、科学扶贫、高质量扶贫、高效扶贫和持续脱贫的有机统一。综合多方观点和实地调查思考,本研究采用:所谓精准扶贫,就是遵循科学有效的标准和程序,因时、因地对贫困区域、贫困村和贫困户进行精确识别,按照当地的实际开展联动帮扶和分类管理,并引入动态的准入和退出机制开展精准考核的过程。精准扶贫的最终目标是帮助贫困人口彻底脱贫致富。这种扶贫在于引导扶贫资源最优化配置,确保扶贫项目资源到村到户,逐步构建扶贫工作长效机制,为科学化、高效化扶贫奠定坚实的基础。显然,这是一种追求真实化和精细化的扶贫方式,包括精确识别、联动帮扶、分类管理和动态考核四个基本内核,其"精准"则在于强调"扶真贫"和"真扶贫"。

二、精准扶贫的理论溯源

国内外学者对贫困问题的研究涌现出大量的理论成果和减贫理念,精准扶贫便是在这些理论基础上逐渐形成并发展起来的。因此,理清精准扶贫的理论渊源有助于我们更好地理解其深刻要义。对于精准扶贫理论的溯源,本研究采纳已有权利贫困理论与包容性增长理念、参与式扶贫理念与合作型反贫困理论和涓滴理论与利贫式减贫理念的思想,并在研究中进一步融合与深化。

(一)权利贫困理论与包容型增长减贫理念

诺贝尔经济学奖得主阿玛蒂亚·森在经济学中提出了权利贫困理论。他从饥荒与权利的关系角度,认为贫困者应该被赋予享受平等的权利,权利和分配的双重不平等导致了饥荒,"如果一个群体不能建立足够数量的粮食控制权,那么他们将不得不面对饥荒"。因此,他认为,消除饥饿首先消除不平等,并在生产、交换、分配和其他方面使穷人分享平等的权利和分配机会。

受其理论影响,亚洲开发银行在2007年提出了"机会均等"和"公平共享"为核心的包容型增长减贫的理念,也被称为共享型增长减贫理念。它强调经济增长成果的公平分配来实现有效的减贫,要求减少和消除不平等的机会,促进社会公平和共享,是一种"人人机会平等、人人分享成果"的减贫模式。不过,它侧重于在机会平等的基础上让穷人摆脱贫困的基本条件,而没有专注于针对穷人的帮扶行动。

(二)参与式扶贫理念与合作型反贫困理论

参与式扶贫理念来自参与式发展理论,它将"参与"和"赋权"两个核心思想渗透到扶贫工作。其中,"参与"是指贫困农民参与扶贫决策、扶贫资金和资源投放领域、项目和行业选择,并参与具体的决策、管理、监督和评价,最终分享扶贫中的收益。参与的关键是要赋予参与者权力,建立贫困农民进入扶贫项目的制度机制,消除贫困人口获得的各种制度的障碍,保障贫困农民参与需求。参与式扶贫从贫困农民的角度,主张通过制度建设和机制创新等方面让贫困群体参与赋权,为表达其意见打通渠道。然而,在实际行动中,贫困群体参与往往不够,加上贫困参与者面对一个非常复杂的环境,参与式扶贫难以真正实现。

在这种情况下,一些学者提出了"合作反贫困理论",指出"反贫困工作需要政府、社区与贫困群体之间的有效合作,且必须通过有效的合作平台来实现"。在反贫困的实践中,政府与贫困群体应该处于同一位置,并合作扶贫。为此,应构建四大合作机制:政府与贫困户合作机制、贫困户经济合作机制、社区与农户合作机制、政府部门间合作机制。这种扶贫方式有利于解决政府力量有限、资源整合等问题,并能充分调动贫困群体的积极性。它是精准扶贫中联动帮扶的重要理论基础。

(三)涓滴理论与利贫式减贫理念

涓滴理论也被称为"沙漏理论""涓滴效应",流行于20世纪50~60年代。它主张减少政府发展经济过程中优先照顾贫困人口的举措,而主要依靠市场机制的"涓滴效应"通过经济增长成果向穷人扩散来促进其脱贫致富。我国改革开放初始阶段提出的"让一部分人先富起来,先富带后富"就是这个道理。这种观念对于生产力的解放和发展有着重要作用,也促进了经济的短期发展,但不幸的是,由于体制机制的不完善,穷人往往从中获利太少,减贫见效周期太长,反而使得贫富分化程度加大。

针对这种弊端和不足,利贫式减贫理念应运而生。它主张增加政府或政策干预,将贫困作为关注的对象,使穷人在增长的成果分配上绝对或相对获得更多的份额。这是一种有益于穷人的减贫模式,是一种具有精确性和针对性的制度安排,为我国建立贫困对象瞄准机制提供了有益的启示。

综上可知,精准扶贫理念既融合了国内外减贫理论的精髓,也根据本土环境进行了有效创新;它既是一种利贫式减贫手段,也是注重多方参与、协同联动的合作型扶贫模式。它通过取长补短,形成了适合我国现实国情的减贫治贫方式。

三、精准扶贫的多视角解释

精准扶贫在于引导扶贫资源最优化配置,确保扶贫项目资源到村到户,逐步构建扶贫工作长效机制,为科学化、高效化扶贫奠定坚实的基础。对于精准扶贫战略,从不同的研究视角可能有不同的认识,为全面理解精准扶贫的内涵,以下从经济学、政治学等视角对其进行解释。

(一)从经济学视角看精准扶贫战略

当前,实施精准扶贫不仅是我国经济社会发展的重大战略,同时也是扶贫开发理论与实践相结合的重大创新。而经济学作为一门理论性与实用性紧密相结合的科学,其一方面是要研究财富的创造与增长,另一方面要研究财富在社会各阶层之间的合理分配及高效运用。尤其是发展经济学和贫困经济学,它们作为为贫困地区和贫困人口谋福祉的经济学理论,为精准扶贫的开发实践提供了强有力的理论支撑。实施精准扶贫,涉及方方面面,要做的工作很多。但从经济学的角度看,其关键主要应把握以下四点。

首先,要找准扶贫脱贫的最佳路径。实施精准扶贫,应解决"扶持谁"的问题,就是要把脉贫困问题,做好制定帮扶计划、确定资源投向、检验扶贫成效等基础性工作。一是制定帮扶计划应坚持因地制宜、因人而异的原则。要在全面考察扶贫对象贫困状况的基础上,找准致贫原因,找到稳定增收、稳定脱贫的最佳路径。对制约扶贫对象增收致富的"短板",应在帮扶计划中预先予以安排。二是帮扶计划应突出保障基本生活水平、培育自我发展能力这个重点,区分劳动能力的不同情况,因户因人施策。三是帮扶计划应充分尊重扶贫对象在扶贫开发中的主体地位,激发贫困群众主动脱贫、加快脱贫的内生动力。

其次,要千方百计加大扶贫投入力度。实施精准扶贫,必须以改革创新投融资体制机制为动力,多渠道、多手段、多方式加大扶贫投入。要充分发挥政府投入在扶贫开发中的主体和主导作用,重在强化财政扶贫投入,构建与本地区经济发展水平以及精准扶贫需求相适应的财政扶贫投入增长机制;强化行业部门投入机制,交通、水利、农业、电力、劳动保障、民政、教育、文化等部门要将更多的资源投向贫困地区、贫困村、贫困户以及扶贫项目;强化社会力量扶贫投入。

再次,要努力提高扶贫资源的配置效率。扶贫工作成效如何,不仅受制于资源投入的规模,也取决于资源投入的结构和方式,进而取决于扶贫资源的配置效率。因此,必须通过改革创新投入机制,实现扶贫资源配置的最优化和效益最大化。整合不同性质、不同来源、不同形式帮扶资源集中投入,有效解决多源综合性贫困问题。统筹帮扶资源是对现行扶贫资源投入方式的重大创新,是对全社会扶贫潜力的深度挖掘和有序组织,必将为实施精准扶贫提供更广阔空间和更充分保障。

最后,要充分发挥市场机制在精准扶贫中的作用。一个健全的扶贫行动体系,必须在政府、市场、社会与贫困群众之间构架起建设性的伙伴关系和互动合作关系。实施精准扶贫,既要最大限度地发挥政府主导作用,也要充分发挥市场配置资源的决定性作用,两者有机结合,扶贫脱贫才能获得最大成效。充分发挥市场机制在精准扶贫中的作用,重在向市场要动力、要潜力、要活力。关键要在扶贫资源的集聚、整合和利用方面引入市场主体、引入市场机制,激发市场活力、形成扶贫开发合力,推动扶贫资源配置实现效益最大化和效率最优化。

(二)从政治哲学视角来看精准扶贫战略

精准扶贫是我国新型的扶贫理念与扶贫模式,旨在解决我国几千万人的贫困问题。从政治哲学的角度探索精准扶贫的理论预设、理论逻辑并进行梳理,可以明确精准扶贫最终具体到提高贫困人口的实际能力,从而使精准扶贫的理论意义和现实意义得到进一步论证,更好地促进我国扶贫事业,帮助和促进我国当前贫困标准下人口脱贫致富,进而使广大民众共享改革发展成果,早日实现全面建成小康社会的目标。从精准扶贫理论逻辑的角度来看,首先应认识到当前社会存在的不平等,用罗尔斯的表述就是"差异平等"。之所以会有这样的认知,是因为社会上个人能力有差异。无论是由于人的自然因素和后天因素的影响,个人能力都有所不同,柏拉图早在古希腊时就把人分为不同的层次,其依据标准就是个人能力,只不过柏拉图所指的个体能力只是限于天生的即自然所赋予的能力。而罗尔斯强调个人能力会导致社会差异,个人能力分为自然和社会给予两部分。他认为自然给我们的包括"健康、精力和智力"等,社会赋予的能力包括"权利、自由、机会、收入和财富"。然而,无论是社会还是自然能力都会造成社会分配的差异,因为社会分配的参考是基于个人能力作出的社会贡献。正如威尔弗莱德·亨氏所说的那样,"我们必须考虑到财富和资源的分配给社会,以解释财富的平等分配。直观上是明确的,也是一致的道德共识,就是我们应该理解和同意那些在共同财富创造过程中更难作出更大的贡献的人,得到一些更多的财富分配"。

鉴于这一事实,我们必须承认,为了保证社会的稳定发展,有必要进行差异分配。因为基于个人能力差异和社会分配的事实,"差异平等"对社会的发展起到了一定的促进作用,这就是为什么邓小平同志提出要让一些人先致富,从而带动另一部分人的后致富的原因所在。正如安格斯·迪顿所说,"不平等往往是社会发展的结果。并不是每个人都会在同一时间富裕起来,也不是所有的人都能得到干净的水、疫苗或一种新的药物。不平等反过来影响社会发展。这种影响有时是积极的。但如果既得利益集团为了阻止后进者赶上,那么这种影响就是消极的"。从他的话可以看出,虽然现在的社会必须承认没有平等分配,但为了维护社会的稳定和正义,应该纠正这一不平等,即补救少的社会受益者,使它可以分享社会发展的成果或共享社会发展的成果,这也就是精准扶贫所倡导的。换言之,精准扶贫是补偿社会的弱势,使必然的社会不平等转化为公平正义。否则,既得利益者和穷人之间的矛盾将成为不平等的结果,这可能会导致社会不安定。从精准扶贫的角度来看,贫困已成为一个涉及人们权利和社会分配的问题。因此可以说,精准扶贫不仅是扶贫攻坚的问题,其最终目标是解决社会不平等和可持续发展的问题。另一方面,精准扶贫作为一个国家的扶贫战略,也反映了党和政府履行社会责任和义务的基本理念,因为贫困意味着一些人没有享受社会发展的成果,它必须通过制度安排,使社会分配有利于这些贫困者,因为在实现消除贫困以及下一步共同富裕目标的过程中"不能依靠富人发善心来带动穷人致富,而必须通过制度安排,使人人都有致富的渠道和机会"。

精准扶贫从一个扶贫理念发展到当前实施的扶贫政策,对提高我国政府公信力也有很大的帮助。首先,精准扶贫可以消除在扶贫工作中"虚报冒领以往扶贫、挪用救灾资金"的腐败问题,扶贫工作真正进入"扶真贫、真扶贫"的阶段。同时,可以使一部分贫穷者消除"等靠要"的惰性思维,从而依靠自身的能力彻底走出贫困,避免短期脱贫后又"返贫"。其次,精准扶贫作为一项国家扶贫体制度,在出发点和落脚点的转换方面取得了重大突破,不仅可以使政府管理能力和贫困人口的致富能力得到提高,而且可以使我国在经济社会发展中的不平等得到改善,最终提高人民对政府的认同。精准扶贫是利国利民的重大举措,全面贯彻落实以提升可行能力为政治哲学基础的精准扶贫政策,必将使我国的扶贫工作进入理性而自觉的境界。

四、精准扶贫战略的本质及特征

精准扶贫战略的提出不是凭空而来的,其产生发展一方面是在中国特色社会主义理论体系中进行的,另一方面也是针对当前经济社会状况提出的。

(一)"共同富裕"根本原则是精准扶贫思想产生的理论源流

共同富裕是中国特色社会主义的本质规定、奋斗目标和根本原则,也是中国特色社会主义理论体系中的重要基石。党的十八大重申,中国必须坚持走共同富裕道路。偏离了"共同富裕"原则的导向,中国特色社会主义理论体系的基础就不复存在。精准扶贫就是要求实施精细化的扶贫方式,"从扶贫机制上由主要依赖经济增长的'涓滴效应'到更加注重'靶向性'对目标人群直接加以扶贫干预的动态调整"。因此,精准扶贫思想就是要帮助每一个贫困人口都摸索出适合的致富路线,这正是"共同富裕"理论原则的发展和延伸。

(二)"全面建成小康社会"宏伟目标是精准扶贫思想产生的现实需求

2020年完成"全面建成小康社会"的宏伟目标,是党的十八大根据我国经济社会实际作出的重大决策,将为中华民族的伟大复兴奠定坚实基础。如果说"全面小康与中国梦相互激荡,凝聚为全社会的'最大公约数'",那么,扶贫脱贫则是全面小康的"最后一公里"。

同时,贫困内涵的多维性、贫困成因的多样性、贫困群体的分散性、贫困帮扶需求的差异性等意味着精准扶贫工作相当复杂。精准扶贫唯有接地气、补短板,形成内生力、聚合力,才能推进形成优势互补、内外联动的发展新格局,把精准脱贫责任心转化为现实生产力。

首先,实施精准扶贫战略要接地气。接地气就是要遵循自然规律,立足农村实际情况,充分考虑贫困人口的需求,因地制宜,因人施策,这是确保扶贫开发"精准化"的重要前提。特别应针对农村贫困化的诸多现实难题,找穷根、堵漏洞、补短板,分区分类,科学推进"六个精准"、"五个一批"重大战略。其次,实施精准扶贫战略需要补短板。扶贫"短板"是一个复杂的"问题集",它既体现在贫困地区各项经济与社会指标排位的居后,也表现为基础设施保障与产业发展的落后,还有思想观念与机制制度建设的滞后。

我国农村贫困类型多、区域差异大、城镇带动弱,不同地区适宜发展什么、怎么发展、效果如何、前景怎样,亟须深入研究、审慎决策。农村科技创新是精准扶贫的重要途径,尤其是农业种养加技术、农村新能源技术、土地整治技术等创新与推广,应当成为培育精准脱贫内生机制的主要抓手。农村贫困化是一个复杂的区域问题,精准扶贫是一项综合的系统工程,不仅涉及资源开发、产业发展、金融扶持、社会救助等多个领域,也涉及各级党组织、政府、社会团体、企业等多个主体。

第二节 "互联网＋"与精准扶贫的关系

"互联网＋精准扶贫"是一种创新型扶贫新模式,利用互联网思维,将互联网精神、互联网技术与传统扶贫脱贫相结合,创新精准扶贫运营模式、组织结构和服务体系,实现了"互联网＋战略"和"精准扶贫战略"两大国家战略的互相融合,开启了扶贫领域中新的技术革命。为更加深入理解"互联网＋精准扶贫"的含义,下面分别从"互联网＋"和精准扶贫两个视角进行分析。

一、从"互联网＋"视角看"互联网＋精准扶贫"

(一)从"互联网＋"战略视角分析

国务院总理李克强 2015 年 3 月在十二届全国人大三次会议上所作的政府工作报告首次提出,要"制定'互联网＋'行动计划,推动移动互联网、云计算、大数据、物联网等与现代制造业结合,促进电子商务、工业互联网和互联网金融健康发展",这表明政府要从国家层面建立互联网发展战略,为我国经济转型升级提供新路径。

网络强国战略、国家大数据战略、"互联网＋"行动计划,是当前我国对未来互联网发展进行预见性判断和决策后,提出的切实可行的符合当前我国国情的国家互联网战略大布局。国家必须实行网络强国战略,用网络技术驱动我国经济指数级发展,全面保障我国人民安全,以大数据战略治理国家促进我国社会管理效率的全面拉升,实体产业通过与互联网的深度融合和"化学反应",产生指数级裂变升级。自"互联网＋"写进李克强总理的政府工作报告后,在第二届世界互联网大会上习近平总书记也亲自为互联网代言,为中国人民代言:"我们的目标,就是要让互联网发展成果惠及13亿多中国人民,更好造福各国人民。"互联网再一次上升到国家的高度。凭借当前比欧盟人口总数还多的7.31亿网民,超过2000万稳居全球国家顶级域名第一的CN注册保有量①,我国已成为名副其实的世界网络大国。积极推进大数据与大扶贫两大战略融合发展,已是大势所趋,也将大有可为。

(二)从"互联网+"思维视角分析

孙宝文等(2014)②认为,互联网思维是一种系统性的商业思维和商业模式,是运用互联网、大数据、云计算等技术手段,充分体现"开放、平等、协作、分享、创新"的互联网精神,数据驱动运营,基础功能免费,用户体验至上,快速迭代,对用户、产品、生产、营销以及整个产业价值链和商业生态系统的重新定位与塑造。可以说,互联网思维是互联网精神和互联网经济特征的集中体现和运用,是互联网技术应用到商业后对传统商业模式和理念的一种颠覆。互联网扶贫的发展是互联网精神在扶贫领域的集中体现,也是互联网思维在这一领域的典型应用。严格意义上的互联网扶贫,必须真正体现"开放、平等、协作、分享、创新"的互联网精神,在互联网平台依托大数据和云计算开展扶贫活动。

---

① 中国互联网络信息中心. 第39次《中国互联网络发展状况统计报告》[R]. http://www.cnnic.cn/gywm/xwzx/rdxw/20172017/201701/t20170122_66448.html, 2017-01-22.

② 孙宝文,欧阳日晖,王天梅. 互联网金融元年:跨界、变革与融合[M]. 北京:经济科学出版社,2014.

(三)从"互联网+"技术视角分析

以大数据为代表的互联网新技术,是研究的主要技术基础。大数据应用能够揭示传统技术方式难以展现的关联关系,建立"用数据说话、用数据决策、用数据管理、用数据创新"的管理机制,实现基于大数据的精准扶贫决策,推动构建精准扶贫工作长效机制,为科学扶贫奠定坚实基础。通过研究扶贫数据建立模型,提高对数据的分析和应用,让扶贫工作变得更加透明、高效、精准和全面。大数据扶贫可以有效地解决我国长期以来扶贫工作普遍存在的扶贫对象不精准、扶贫资金有限、筹措方式单一、投放不精准等诸多问题。当前,大数据已成为提升政府治理能力的新途径,在精准扶贫过程中充分应用大数据的呼声也越来越高,要打赢脱贫攻坚战,必须充分发挥网络扶贫的重要作用,拓展平台、拓宽渠道、加强互动,增强群众脱贫致富的内生力和驱动力。

二、从"精准扶贫"视角看"互联网+精准扶贫"

精准扶贫战略基于我国基本国情、现阶段贫困问题、社会经济发展特点和中国特色扶贫体系的特征提出,其核心要义是集中我们的注意力和各种资源,正视贫困问题,聚焦贫困地区和贫困对象,改善和提高扶贫工作的效益和质量,从而顺利实现到2020年全面建成小康社会的目标。全面理解精准扶贫战略的深意,应同时着眼于宏观、中观和微观三个层面。

(一)从宏观上分析,实施精准扶贫战略要"认识精准、重心精准"

宏观层面上,精准扶贫战略的核心是贫困地区各级领导的思想认识、工作重心和注意力要"精准",聚焦扶贫工作和贫困人口。习近平总书记提出两个"重中之重",指出"'三农'工作是重中之重,革命老区、民族地区、边疆地区、贫困地区在'三农'工作中要把扶贫开发作为重中之重,这样才有重点","贫困地区要把提高扶贫对象生活水平作为衡量政绩的主要考核指标",明确要求扶贫开发是贫困地区党政领导班子和领导干部工作重点。以两个"重中之重"思想为指导,贫困问题突出地区的党政主要负责同志理应当好扶贫开发的第一责任人。各级特别是县级扶贫开发领导小组的综合协调职能必须强化,扶贫开发领导小组应是跨部门和主流化的核心枢纽,能够整合各方面资源,重点做好扶贫工作的宏观统筹以及扶贫和民政、人保、教育等部门的制度政策的衔接,对贫困人口进行全面排查,保证"一个都不能少,一户都不能落"。

"认识精准、重心精准"离不开大数据,离不开互联网。数据及其背后所蕴含的信息是推进扶贫开发工作的重要支撑,利用大数据可以对扶贫实际情况进行精准研判。通过全国扶贫开发信息系统建档立卡数据库,在对精准脱贫人口的家庭成员、致贫原因、帮扶项目、帮扶人员等基本信息录入之后,可以运用大数据技术深入分析研判扶贫信息,从中挖掘出隐含的、大量有用的元素进行深入提炼,进一步发现信息背后潜在的因素和规律,归纳总结出各地贫困人口的特征,在此基础上为每个贫困户量身定制可量化、看得见、能落实的帮扶措施,切实瞄准"真贫"、实施"靶向疗法",为各级政府因户施策、对症下药、检验成效提供可靠依据。

(二)从中观上分析,实施精准扶贫战略要"措施精准、管理精准"

中观层面上,精准扶贫战略的重点之一是做好扶贫项目设计,创新扶贫方式方法,提高扶贫项目的针对性、适应性,即帮扶措施要精准。我国绝大部分的贫困地区目前都存在着自然条件恶劣、社会服务和基础设施短缺的情况,在农业生产的资源环境条件和市场风险双重约束下,普通农产品的利润空间缩小、优质农产品的经营难度加大,产业化扶贫的项目识别难度和运行风险都很高。村庄劳动力外出造成了很多发展项目无法得到落实。而一些贫困村的干部因自身能力较弱,无力组织项目实施。即便一些扶贫项目得到了实施,因劳动力在项目实施完成后又外出务工,导致这些项目缺少后续的管理和维护,造成扶贫行为的短期性和扶贫资源的浪费。而且,农村青壮年人口的外出,也给公平公正地分配扶贫资源带来严峻考验,一些贫困农村地区,村里召开村民大会或村民代表大会都比较困难,即便是要通过民主程序来识别贫困户和分配扶贫资源,也很难得到落实。这就需要在把扶贫资源这块蛋糕做大的同时,增加蛋糕的种类,使不同的种类能够对应不同的贫困地区和群体。

中观层面上,精准扶贫战略的另一重点是做好贫困村庄的组织建设和帮助支持工作,这要求做到因村派人和管理精准。扶贫到户工作对完善基层治理体系具有很高的要求,从目前的政策实践来看,乡、村两级是很多到户项目的关键实施主体,其不仅要开展精准识别贫困户的工作,还承担着设计扶贫项目和监督扶贫资金使用的任务。尽管很多乡镇实行了干部包村制(担任第一书记),但因乡、村两级往往面临非常复杂的农村社会环境,因此对乡、村两级工作人员的素质提出了很高的要求,需要在包村干部干事能力和积极性的提升方面进行系统的制度设计。

措施精准、管理精准离不开互联网。科学的决策来源于大数据分析,"互联网+管理"是精准扶贫看得见、用得上的扶贫管理抓手。只有通过各种信息平台和手段,把扶贫资金、扶贫项目、扶贫各项工作都置于网络的监控之下,才能真正使之在阳光下运作,实现数据动态监测和贫困对象动态进出,做到动态管理、进出有序、分类施策、对症下药、靶向治疗。目前,党中央、国务院高度重视扶贫工作,投入越来越多,力度越来越大,社会动员的程度越来越高,考核验收越来越严,要针对形势的发展,针对社会流动性大、生活节奏快的特点,管理好扶贫信息平台,进一步扩大视野、丰富内容、提升手段,从而使精准扶贫插上互联网的翅膀,更好更快地推进并圆满完成既定的扶贫目标。

(三)从微观上分析,实施精准扶贫战略要"识别精准、帮扶精准"

微观层面上,精准扶贫战略的重点之一是对贫困人群的精准识别。由于贫困村庄总体发展水平不高,贫困(线)标准设定得也不高,因此精准识别贫困人群的过程应被视为识别村情的过程。在目前的情况下,贫困村应该包括四种人群:具有发展潜力的贫困群体;缺少发展能力的特殊贫困群体;收入略高于贫困线或刚刚脱贫的群体;非贫困群体。从精准扶贫角度,目前开发式扶贫的主要对象是第一类群体;对于第二类群体,要重点做好扶贫与社会救助政策的衔接工作,发挥低保等社会救助制度的托底作用;第三类群体实际上也属于脆弱人群,在风险和灾害面前容易返贫,因此要协调好信贷、保险等方面的政策支持;对于第四类群体,要充分利用新型城镇化的发展机遇和国民经济中高速发展的条件,激发其发挥能人的带动效应,既为村庄减贫创造有利的宏观环境,巩固和扩大扶贫工作成效,也使自身走上快速发展的良性循环轨道。

微观层面上,精准扶贫战略的另一个重点是向精准识别出的贫困人群提供量体裁衣式的菜单式扶贫,即精准帮扶。即使在一个村庄内部,不同贫困人口的致贫原因往往也是不同的,因此在实务中做到精准帮扶,需要以"户"为项目单元,开展一对一的帮扶活动。

精准识别离不开互联网。摸清"贫困家底"进行精准识别，是精准扶贫的重要前提。精准识别的一个核心，就是要把真贫困户"识进来"，要把假贫困户"识出去"。农村情况复杂，尽管过去各地在精准识别方面做了大量工作，也坚持了规定的步骤程序，但难免有"优亲厚友""大户人家"等多种因素的干扰，影响了识别的公正性，而互联网让这一切都公开、透明。利用大数据，可以进一步把扶贫对象、贫困类型、贫困规模等"第一手资料"核实核准，识准扶贫对象，找准致贫原因，定准帮扶措施，并根据致贫原因逐一分类、识别，全面建档立卡，通过电脑录入"扶贫信息系统"，建立扶贫信息大数据库，实现扶贫工作全程信息化管理，使精准识别能更公开、公平、公正，为提出符合贫困地区实际的综合扶贫开发规划提供科学依据，为精准扶贫夯实基础。

精准帮扶离不开互联网。精准扶贫的关键是精准帮扶，精准帮扶就不能搞大水漫灌，必须搞精准滴灌。从这个意义上讲，互联网有很多方面可以借助。一是帮扶项目的确定可以借助互联网。一个项目是否有效在于是否选准，而要选准就必须考虑很多因素，其中最重要的就是是否符合当地实际，是否符合市场趋向，是否符合社会发展，这就必须充分了解社情民意，充分了解外部信息，互联网就是帮助科学决策、正确决策不可或缺的桥梁。二是帮扶项目的产品推销可以借助互联网。特别是产业扶贫项目，更需要加强产品推销工作。一般而言，贫困地区多为地处偏远、信息不灵、市场经济不发达地区，不管是种植业还是养殖业，大规模发展起来后，都容易出现"卖难"，这就需要借助互联网，大力发展电子商务，加大贫困地区与外部世界的信息沟通，要让大家既知道什么地方需，也要知道什么地方产，从而使产需及时对接、有效对接。这方面的成功范例很多，借助互联网，可以进一步扩大扶贫产业产品的知名度,打出自己独特的品牌,不断拓展市场空间。

三、"互联网＋精准扶贫"中"互联网＋"与精准扶贫的关系

减贫是我们国家的发展目标,我国扶贫工作经历 30 年后,已经进入了最后攻坚阶段,国家和政府高度重视。无论是社会参与扶贫,还是实现精准扶贫,只有获取准确可信的贫困人口需求信息,并进行动态更新,实时向社会公布,才能使社会扶贫力量和资源有的放矢,精准配置。互联网最大的优势就是能够帮助传统经济社会领域打破时间、空间限制,打破信息壁垒,实现帮扶需求与供给的有效对接,最终推动扶贫工作实现模式和运行机制的转型升级与创新。通过探索大数据与扶贫开发协同发展的新业态、新模式,建立精准扶贫大数据平台,依托大数据实施精细管理、精确瞄准、动态监测,可以推动扶贫政策和扶贫资源投向更精准、扶贫管理更精准,打造"精准扶贫"大格局。

2015 年以来,在国家"互联网＋"行动计划的引领下,全国掀起了新一轮的互联网与传统行业融合的浪潮,互联网对商业、金融、教育、旅游等传统行业产生的带动效益日益凸显。当前,要全面发挥互联网的作用,实现互联网时代的"信息扶贫"还存在以下一些问题:

一是基础因素。基础设施是基本民生保障。近年来,我国不断加强贫困地区基础设施建设,贫困地区全面实现了村村通电、村村通路、村村通电视,医院、学校等硬件也实现升级换代,一些行政村有了幼儿园,群众生活面貌有了较大改善。但从城乡统筹发展和全面小康的标准来看,很多地方通信设施还比较落后,信息化水平低,不具备发展智慧农业、电子商务等新兴产业的条件。另一个方面,尽管农村地区网民规模和互联网普及率都在不断增长,但是城乡互联网普及率差异仍有扩大趋势,截

至2016年12月,我国城镇地区互联网普及率为69.1%,农村地区互联网普及率为33.1%,城乡普及率差异从2015年的34.2%扩大为36.0%[①]。

二是技术因素。当前,各省市扶贫信息网站已初见规模,但缺乏国家层面社会信息对接网络平台。已有的扶贫开发部门主导的中央及各地方的扶贫网站已经粗具规模,但是存在着信息分散、孤立,标准不统一,质量参差不齐,功能单一,汇集资源有限等问题,围绕扶贫的信息对接网络平台尚未形成统一的、全国性、系统性、多元化的服务平台。

三是人才因素。人才是打赢扶贫攻坚战的基础,在扶贫工作走向以人为本、精准扶贫的今天,人才已成为决定性因素。长期以来,贫困地区不是不出人才,问题在于,贫困地区的本土人才"反哺"不足,外部人才参与扶贫的共赢机制还不健全。无论是担负村集体经济发展重任的村干部,还是带动身边村民的产业致富带头人,抑或是农业技术性人才都存在数量紧缺、能力水平较弱等问题。人才短缺已经成为限制贫困地区发展的主要"瓶颈"之一。

基于以上实际情况和问题,建议如下:

一是多方合作,完善贫困地区信息基础设施的建设。偏远农村地区之所以贫穷,一个很重要的因素是封闭,加快偏远农村地区网络覆盖,发挥互联网优势,对于转变传统经营模式,加快信息流通具有重要的意义。做好网络扶贫工作,地方政府不能只靠自身力量单打独斗,而是要善于借力,广泛动员电信运营商、互联网企业、公益组织、网民等市场化和社会化力量参与网

---

① 中文互联网数据资讯中心.第39次《中国互联网络发展状况统计报告》[R]. http://www.199it.com/archives/560209.html,2017-01-22.

络扶贫工作。对于电信、网通、联通等企业,可以在利用现有共建共享架构下,由有意向的运营商合作分成,或者委托第三方参与,实现贫困地区宽带"最后一公里"的建设与运营,通过多方合力释放"数字红利",让"网络红利"广泛充分惠及贫困地区人民,真正实现"用得上、用得起、用得好"的互联网,不让贫困地区、人口在信息化时代掉队。

二是社会参与,构建全国性的社会扶贫信息对接平台,利用互联网技术实现精准扶贫。由国家有关部门牵头,调动社会各方面力量,打造一个以互联网应用与服务为支撑的社会扶贫信息服务平台。通过该平台建设,建档立卡,把贫困村、贫困户的帮扶需求充分挖掘出来,把社会扶贫项目摆出来,让供需双方信息对称、渠道畅通,由此推进扶贫资源供给与扶贫需求有效对接,并通过发现和健全扶贫机制,实现更广泛的社会动员,真正实现精准扶贫、互联网化扶贫,最终实现政府、市场、社会三方扶贫开发信息资源有效整合和合理配置。

三是围绕需求,培养一支素质高、能力强、技术硬的"精准"人才队伍。首先要抓准扶贫人才的需求特征。从目前贫困地区经济、教育、科技、文化等工作来看,贫困地区的生态农业及数字农业等方面的高素质、应用型人才需求规模大、培养周期长、易流失;贫困地区对职业教育培养的技术技能型人才需求呈现复杂多样化;贫困地区对农村通信、物流、电商等实用型科技人才需求迫切;深入了解农村文化特征、能够引领贫困地区民众走出"文化沙漠"的扶贫人才稀缺。只有遵从扶贫攻坚的政策导向,围绕扶贫攻坚的战略需求,才能培养出"精准的人才",进而实现扶贫攻坚的精准目的。

第三节 "互联网＋"助推精准扶贫的总体思路

一、"互联网＋"助推精准扶贫的指导思想

党的十八届五中全会确定的"创新、协调、绿色、开放、共享"的发展理念,是在深刻总结国内外发展经验教训、分析国内外发展趋势的基础上形成的,是"十三五"乃至更长时期我国发展思路、发展方向、发展着力点,是关系我国发展全局的一场深刻变革。"创新、协调、绿色、开放、共享"五大理念和"开放、平等、协作、分享、创新"的互联网精神高度契合,相得益彰。五大发展理念为下一步"互联网＋扶贫"开发工作提供了全新视角和方向目标,将五大发展理念贯穿精准扶贫、精准脱贫各项工作的全过程、各领域、各环节,是打赢脱贫攻坚这场硬仗的总体要求。

(一)以创新发展提升"互联网＋扶贫"的内生性

创新发展是大势所趋,注重的是解决发展的潜力和动力问题。互联网是20世纪最伟大的发明之一,互联网行业最大的特点就是创新,创新是其本质所在,唯一在互联网行业不变的东西就是变本身。互联网作为创新最快的领域,作为新一轮科技革命和产业变革最核心的驱动力量,不仅是落实创新驱动发展战略的重要支撑,更是推动大众创业、万众创新的关键平台。党的十八届五中全会指出:"坚持创新发展,必须把创新摆在国家发展全局的核心位置,不断推进理论创新、制度创新、科技创新、文化创新等各方面创新,让创新贯穿党和国家一切工作,让创新在全社会蔚然成风。"创新不仅是对全党全社会提出的紧迫任务,也是对广大基层工作者的明确要求。习近平总书记强调:"抓创

新就是抓发展,谋创新就是谋未来。不创新就要落后,创新慢了也要落后。"从如期实现精准脱贫、全面建成小康社会的高度出发,鲜明突出地把创新纳入扶贫范畴。这就要求我们在扶贫实践中,充分利用互联网本身具有的"新"的特性,以创新发展为动力,将农村改革与精准扶贫有效衔接起来,把农村改革中形成的创新理念融入精准扶贫方略,用农村改革的创新举措构筑精准扶贫长效机制,用农村改革的政策红利为精准扶贫、精准脱贫注入不竭动力,不断完善落实激发扶贫对象自主脱贫的政策举措,让经济河流之水活起来,源源不断地向前流淌。

(二)以协调发展提升"互联网+扶贫"的均衡性

历经改革开放30多年的高速发展,我国正面临着一系列不平衡、不协调、不可持续的问题。协调发展因发展失衡和不可持续而生,是发展实际倒逼而来,也是因时而动、应势而为,是我们发挥主观能动性的自觉选择。党的十八届五中全会聚焦全面建成小康社会目标,提出协调发展理念,旨在补齐发展"短板",解决发展不平衡问题,体现了目标导向和问题导向的统一,是立足长远、谋划全局的战略考量,具有重大理论意义和实践指导作用。当前我国精准扶贫工作正在深入开展,但有的地方还面临着一些不平衡、不协调、不可持续的问题。扶贫工作中发现,由于农业基本生产条件较为薄弱,农村之间发展不平衡、不协调的矛盾依然比较突出,加快推进扶贫发展一体化意义更加凸显、要求更加紧迫。推动新常态下经济社会发展,必须全力做好补齐"短板"这篇大文章,增强扶贫工作发展整体性和协调性。以协调发展为路径,均衡全面推动"互联网+扶贫"工作,把握中国特色社会主义事业总体布局,正确处理发展中的重大关系,重点促进城乡区域协调发展,促进经济社会协调发展,促进新型工业化、信息化、城镇化、农业现代化同步发展,在增强国家硬实力的同时,注重提升国家软实力,不断增强发展整体性。

(三)以绿色发展提升"互联网+扶贫"的永续性

绿色发展是实现生产发展、生活富裕、生态良好的文明发展道路的历史选择,是通往人与自然和谐境界的必由之路。互联网作为无污染的绿色产业,不仅可以推进能源革命,加快能源技术创新,还可以提高经济发展绿色水平,实现经济发展与生态改善的双赢,为经济转型升级添加强劲的"绿色动力"。要将绿色作为实现扶贫永续发展的重要内容,牢固树立保护生态环境就是保护生产力,改善生态环境就是发展生产力的理念,决不以牺牲环境为代价去换取一时的脱贫致富。小康全面不全面,生态环境质量是关键。生态问题如果不能引起足够重视,生态危机将成为制约发展质量提升、实现可持续发展的"瓶颈"。因此,我们必须正确处理扶贫工作中发展经济同保护生态环境的关系,在扶贫开发中构建科学合理的农业发展格局、生态安全格局,推动建立绿色低碳循环发展的扶贫产业体系。切实遵循"互联网+"的绿色应用发展规律,把绿色发展理念渗透到"互联网+扶贫"全过程之中,唱响绿色主旋律,为农村经济发展注入新活力。

(四)以开放发展提升"互联网+扶贫"的联动性

开放发展是中国基于改革开放成功经验的历史总结,也是拓展经济发展空间、提升开放型经济发展水平的必然要求。开放发展注重的是解决发展的内外联动问题。迄今为止,互联网是人类历史上信息处理最高效、成本最低的基础设施,原生的开放、透明、平等特性,令信息在现代社会被抑制的能量喷发出来,转化为巨大的生产力以及塑造社会财富的新景观。开放带来进步,封闭导致落后。2014年12月,习近平总书记在主持中共中央政治局第十九次集体学习时指出:"不断扩大开放、提高开放水平,以开放促改革、促发展,是经济发展不断取得新成就的重要法宝。"开放不是独善其身,而是互利共赢,志在打造包容共享的发展共同体。"一花独放不是春,百花齐放春满园。"坚持开放发展,才能赢得经济发展的主动、促进经济繁荣发展。扶贫工作同样如此,全国各地甚至世界各国都存在贫困及扶贫问题,如何科学抓好新时期扶贫工作、打好扶贫攻坚战,既需要我们拿出一种"买全球、卖全球"的气度,以开放的视野认真吸取和借鉴全国各地乃至国外成功经验,科学谋划和推动扶贫工作,又需要积极引进和充分利用各方技术、资金等加强和推动扶贫产业发展。互联网让世界变成了"地球村",要充分发挥互联网原生的开放特性,以开放发展为平台,通过网络互联互通,推进互联网领域开放合作,解决发展内外联动问题,为精准扶贫、精准脱贫注入强大正能量。

(五)以共享发展提升"互联网+扶贫"的公平性

改革发展搞得成功不成功,最终的判断标准是人民是不是共同享受到了改革发展成果。共享是信息文化的核心要义,我国信息化发展的根本出发点和落脚点是服务百姓、惠及民生。"十三五"期间,我国实施网络强国战略、国家大数据战略、"互联网+"行动计划,发展网络文化,拓展网络经济空间,其成果要由人民来共享。改善民生,让人民共享发展成果,坚定不移走共同富裕的道路,是社会主义的本质要求,是社会主义制度优越性的集中体现,也是我们党坚持全心全意为人民服务根本宗旨的必然选择。要将共享作为精准扶贫、精准脱贫的必然结果。"坚持共享发展,必须坚持发展为了人民、发展依靠人民、发展成果由人民共享,作出更有效的制度安排,使全体人民在共建共享发展中有更多获得感,增强发展动力,增进人民团结,朝着共同富裕方向稳步前进。"共享发展就是要解决社会公平正义问题,追求以民富优先,带动国家进一步发展。共享发展的部署安排,无论在宏观还是微观层面,每一项安排都与广大人民群众特别是困难群众息息相关。当前,我们扶贫工作尽管成绩斐然,但也要看到,当前分配不公的问题还比较突出,收入差距、城乡区域公共服务水平差距还比较大。在共享改革发展成果上,还有不完善的地方,要想完成全部脱贫摘帽的目标,任务还很艰巨。网络空间是人类共同的活动空间,"互联网+扶贫"要以共享发展为目标,借鉴互联网技术手段,集中力量补齐发展"短板",着力构建开放包容、众创众享的创业创新服务平台,缩小收入差距,建立更加公平更可持续的社会保障制度,推进"互联网+扶贫"向纵深发展,切实让广大贫困群众共享发展成果。

二、"互联网+"助推精准扶贫的总体思路

(一)利用"互联网+"开展党建扶贫,推动扶贫由"救济式"向"导航式"转变

基层党组织是党全部工作和战斗力的基础,是落实党的路线方针政策和各项工作任务的战斗堡垒。在大扶贫战略行动中,必须坚持"党建带扶贫,扶贫促党建",充分发挥基层党组织在精准扶贫攻坚中的战斗堡垒作用,激发和调动党员干部的内在活力,最大限度地凝聚精准扶贫正能量,坚决打赢脱贫攻坚战。基于网络化信息化已经成为当今世界的流行语,互联网已经深入人们生活的各个领域,党的建设也要紧跟时代主流,不断增强基层党建创新能力,大力拓展互联网与基层党建各领域融合的广度和深度,推动互联网由消费领域向基层党建领域转型,将党建扶贫工作由传统的"救济式"、"慰问式"转变为"导航式"、"开发式",把党员的先锋模范作用无缝嵌入到引领发展精准脱贫中,为脱贫攻坚"掌舵",为确保完成党的扶贫开发任务提供组织保证。

一是搭建"一网覆盖"党建服务平台。党建扶贫工作千头万绪,大事小事交织,事事都牵涉大局、关系全局,互联网在打通壁垒、整合资源方面具有先天优势,运用互联网思维是推进党建扶贫工作发展的必然趋势。要构建起包含行政审批、公共服务、惠民帮扶、公共资源交易、政府信息查询、效能监察等多功能的"一网覆盖"党建服务平台,重点对贫困户免费实时提供政策法规、农业信息、致富信息、市场行情、就业信息、金融信息、医疗信息等及时有效的信息,大力推进党建扶贫信息化建设,满足互联网时代扶贫工作个性化、信息化、快捷化需求。通过搭建社会扶贫信息发布与互动救助平台,提高贫困群众的组织化率和信息化率,实现扶贫济困"点对点"供需见面,开展援助人与求助人"点对点"精准帮扶,实现党建扶贫信息"一机尽览",健全为民服务体系,整合规范服务事项,畅通便民服务渠道,为政府机构、扶贫工作者、扶贫对象、社会各界爱心人士、企业提供高效便捷的服务。

二是强化基层党建引领和服务功能。精准扶贫、精准脱贫,归根到底要靠坚强有力的基层党组织去引导、去推动、去落实。扶贫开发到哪里,党建就要跟进到哪里。越是经济欠发达的地方,越需要加强党的基层组织建设,越需要发挥党组织在精准扶贫攻坚中的战斗堡垒和党员先锋模范作用。作为一种信息传播手段,互联网具有高效、迅捷、交互性强的特点,这一特点将党的思想理论宣传、教育空间大大延伸,使党的建设时间上没有限制、受众面更为广泛。各级党组织和领导干部必须认清和把握这一大势,尽快掌握网络知识,增强网络素养,牢牢掌握网络时代的话语权、主导权,提高网络建党问政的能力,深入宣传党和政府各项强农惠农和扶贫开发政策,教育和引导广大党员坚决贯彻落实党和政府精准扶贫的决策部署。只有以党建引领、服务、推动扶贫开发,以扶贫开发丰富、提升、检验党建,激发和调动党员干部的内在活力,不断探索扶贫开发的长效机制,夯实党在农村的执政基础,才能真正形成以扶贫开发工作带动党建工作、以党建工作促进扶贫开发工作的双赢局面。

三是架起扶贫帮带"连心桥"。互联网的发展为推进党的建设提供了新机遇,为党的思想理论宣传提供了新平台,为党联系群众提供了新渠道,为党内民主的充分发展提供了新载体,为提高党的建设的效能提供了新手段。感情是联系出来的,以互联网思维武装扶贫主导者的思想,利用互联网为政府赋能、为群众赋权,拓展服务维度,让老百姓足不出户享受便捷高效的服务,不仅可以引导群众知网触网,更可以为精准扶贫提供高效的服务,实现党员群众沟通"零距离",办事"零距离",架起党群帮带"连心桥",有效提升党组织的凝聚力和战斗力。要让新时期的党建扶贫工作插上互联网技术的翅膀,大力推动网上办事大厅及政府权力清单建设,权力清单要上网,权力运行也要上网,在这样一个云计算时代,实现"权在用,云在看",行使权力不能打小算盘。积极推进网上办事反馈测评机制,以互联网信息透明倒逼政府简化办事流程,推进电子政务、电子村务、便民服务、电子农务、网上培训等,让扶贫对象享受远程办事及服务,使基层党组织在扶贫开发中充分调动群众积极性和能动性,形成干群一心、共奔富路的生动局面。根据中国互联网络信息中心(CNNIC)近期发布的第 39 次《中国互联网络发展状况统计报告》,截至 2016 年 12 月,我国在线政务服务用户规模达到 2.39亿,占总体网民的 32.7%,其中,对在线政务服务表示非常满意和比较满意的用户达到 48.5%,展现出我国 2016 年在互联网政务服务领域工作的成效。随着越来越多的政务服务通过线上渠道来提供,公众对便捷、低成本高效的公共服务的期待也会不断提升,进一步凸显政府技术能力和服务质量的重要性。

(二)利用"互联网+"开展农业扶贫,推动扶贫由"生存式"向"发展式"转变

当农业遇上互联网就形成了"互联网+农业"。2016 年是"十三五"开局之年,也是实施精准扶贫、精准脱贫工程的第一年,以互联网为载体的农业生态体系正进入类似工业制造 4.0 的新型农业。互联网产业的迅猛发展,尤其是移动互联网的普及、传感器智能设备和互联网产品在农业上的应用,使农业生产过程更加定制化和智能化。互联网是广大农民获取致富信息、销售特色农产品、购买生产生活资料的重要渠道。农业现代化和"互联网+"的结合,是国家发展过程中对农业的要求,更是农业产业升级的必然选择。要把握时代机遇,众筹共享,合力推动"互联网+"现代农业加快发展,为农业农村经济实现"弯道超车"和"跨越发展"提供新动力,让"互联网+"在实现现代农业和实施精准扶贫中发挥应有的作用。

一是推进农业大数据工程建设。大数据,是指无法在一定时间内用常规软件工具对其内容进行抓取、管理和处理的数据集合。大数据技术,是指从各种各样类型的数据中,快速获得有价值信息的能力。农业大数据是我国农业新型战略性资源,是实现农业"十三五"规划的重要抓手,是发展现代农业和实施精准扶贫的基石。农业大数据作为"互联网+"与现代农业深度融合的必备条件,为精准扶贫提供了新的理念和技术支持。要积极利用大数据技术快速、便捷和高效的优势加快推进精准扶贫工作。政府要组织政府相关部门、信息技术企业和公司等,加快建设适宜地方的农业数据调查分析系统,加强对农业大数据的采集分析、开发共享,实现信息运作的便捷化和高效化,实现数据管理的智能化和透明化。"工欲善其事,必先利其器。"真实、有价值的数据是农业调查分析系统的生命,充分发挥大数据平

台的优势,借助大数据分析的精准和高效,扶贫工作就有望改"大水漫灌"为"精准滴灌"。

二是夯实精准脱贫人才支持。人才是经济时代最大的财富,精准扶贫,人才是关键。推进"互联网+"与现代农业深度融合,迫切需要一批既懂现代信息又懂现代农业技术和市场营销技能的农业网络信息服务人才。要加大人才培养力度,提高智力支持水平,强化农业网络信息服务专业人才队伍建设。首先,要致力于就地培养和利用人才资源,大力营造网络信息人才优先发展的良好氛围,吸引网络信息人才致力于农业发展信息化建设,使专家学者、高校毕业生、科研机构的网络信息人才积极投身现代农业发展,为促进"互联网+"与现代农业深度融合服务。其次,职业农民是未来解决"谁来种地"的主力军,也是打赢脱贫攻坚战的重要力量,要把农民职业化理念浸透到农村贫困人口的思想中去,把新型职业农民培育与农业技能扶贫有机结合起来,进一步完善和强化新型职业农民教育培训体系,通过开展"阳光工程"培训、新型农村实用人才培训以及"点对点"农业科技帮扶活动,使贫困家庭至少有一人掌握一项以上农业实用技能,逐渐把从事农业生产经营的贫困劳动力转化为新型职业农民,打通贫困农业人口致富"造血"经脉,提升脱贫致富能力,不断推动传统农民向新型职业农民的转变。

三是打造智慧新农业。智慧农业是充分应用现代信息技术成果,集成应用计算机与网络技术、物联网技术、音视频技术、3S技术、无线通信技术及专家智慧与知识,实现农业可视化远程诊断、远程控制、灾变预警等智能管理。"互联网+"时代,智慧农业是现代农业的高级阶段和必然趋势。通过智慧农业的推进实施,广大农户可自己利用互联网或移动数据设备,实现对农作物生长环境的远程监测和智能控制,从而摆脱了农户在生产过程中受时间和空间的限制，不但可以及时掌握农作物的生长变化情况，还节省了大量的人力物力。从另外一个角度讲，我国农业虽然取得了巨大成就，但也面临人口、耕地、环境等问题的严峻挑战，依靠传统的手段和生产要素已经无法解决土地资源浪费、生态环境恶化等严峻问题，亟须转变农业发展方式，提高农业的绿色竞争力，保证农业建设的可持续发展。智慧农业概念的提出，与我国现代农业发展的迫切内在需求相吻合，既是历史机遇的巧合，也是农业发展的必然，对于推进农业现代化进程影响深远。

（三）利用"互联网＋"开展旅游扶贫，推动扶贫由"授鱼式"向"授渔式"转变

旅游业是低碳经济的典范，未来的旅游业，无论广度、宽度还是关联度，都是传统意义上的旅游业所无法比拟的。作为藏富于民最为典型的行业，旅游业自当是精准扶贫的核心抓手。旅游扶贫就是通过开发贫困地区丰富的旅游资源，兴办旅游经济实体，使旅游业形成区域支柱产业，实现贫困地区居民和地方财政双脱贫致富。经济新常态下，旅游扶贫以其强大的市场优势、新兴的产业活力、强劲的造血功能和巨大的带动作用，正锐不可当地成为我国扶贫攻坚的生力军。在贫困地区的旅游开发中，"互联网＋"可以大显身手，人们可以利用云计算、物联网等新技术，借助便携的终端设备，主动感知旅游资源、旅游经济、旅游活动、旅游者等方面的信息，及时安排和调整工作与旅游计划，从而达到对各类旅游信息的智能感知、方便利用的效果。当前，要将"互联网＋"理念全面融入旅游扶贫开发建设，支持互联网企业深度参与旅游扶贫，建设旅游扶贫电商平台，建设旅游扶贫电商村，打造旅游商品品牌，培育旅游商品。

一是构建新型在线旅游服务模式。在线旅游，是指利用互联网技术进行旅游路线查询和旅游产品预订，及其他相关旅游

产品的在线服务,还包括通过网络分享旅游过程或旅游经验、旅客间的互动等。与传统旅游服务业相比,在线旅游的一个巨大突破,就是突破了时空地理的限制,最大限度地整合了远距离旅游业务的信息资源,包括国外旅游信息资源,节省了大量人力,提高了旅游交易效率,降低了交易成本,同时增加了自主化服务、提升了旅客的互动性和自主性。首先,要积极开发"互联网+乡村旅游精准扶贫"新型旅游服务模式,降低在线旅游进入退出门槛,鼓励投资在线旅游业务。其次,要解决好旅游扶贫的线上线下融合问题。传统的旅游产业链存在的问题就是信息不对称,加上一些不合时宜的制度约束,滋生出了诸如强迫购物、零负团费等问题。建立完善的乡村旅游扶贫线上线下相融的交易服务平台,可以实现"互联网+乡村旅游精准扶贫"效益的最大化和集约化,最大限度地保证贫困地区脱贫致富。

二是拓展旅游产业链和价值链。精准扶贫,产业是核心,选择一个好的产业,能够迅速帮助贫困地区脱贫。旅游产业链是指为满足旅游者的旅游需求,以产业中具有竞争力或竞争潜力的企业为链核,与相关产业的企业以产品、技术、资本等为纽带结合起来,通过包价或零售方式将旅游产品间接或直接销售给旅游者,以助其完成客源地与目的地之间的旅行和游览,从而在旅行社、饭店、餐饮、旅游景区、旅游交通、旅游商店等行业之间形成的链条关系。旅游业是关联性强、带动作用大、就业机会最多的产业之一,一个地区的旅游开发往往伴随着区域基础设施改善、景观风貌治理、特色产业培育等过程,并能显著提升其教育、商业、服务业与文化水平。旅游扶贫通过"互联网+乡村旅游精准扶贫"这种后发地区"旅游+"扶贫的新模式,使"旅游+"不仅能够成为"产业+",而且成为一种对旅游层面扶贫的最大化的绩效体现和旅游业新的发展空间。用"互联网+"思维延伸旅游产业链，推动"旅游＋"融合发展，让旅游的触角伸向寻常百姓家，让田间农舍变成旅游景区，让农产品变成网上热卖的旅游商品，大力发展与旅游业相关的服务产业和旅游农业、旅游工业，以此带动地方经济的全面发展。

三是发展特色乡村生态旅游。生态旅游是绿色旅游，以保护自然环境和生物的多样性、维持资源利用的可持续发展为目标。"生态兴则文明兴，生态衰则文明衰。"实施旅游扶贫计划固然要以经济效益为中心，加速当地居民的脱贫致富，但也必须兼顾区域开发的整体经济效益、社会效益和环境效益。贫困地区的旅游资源是大自然和前人留给后人的宝贵财富，应该倍加珍视，确保后代与当代人同样具备发展旅游的资源和权利。随着大数据时代的到来，互联网在各领域扮演着越来越重要的角色，生态旅游也不例外。"互联网＋"的运用，为生态旅游产业的发展提供了新平台，为旅游扶贫开启了新思路。要打赢扶贫开发攻坚战，不仅有必要在乡村旅游发展中进一步牢固树立"绿水青山就是金山银山"的理念，进一步筑牢贫困地区持续发展的生态底线，更要不断完善"互联网＋乡村旅游精准扶贫"的运作模式，综合运用大数据等现代科技手段提升旅游业发展水平，全面提升旅游企业经营活动、旅游行业监管和旅游公共服务的信息化水平，让更多、更真实的环境质量数据说话，为环境管理提供科学依据与技术支撑，为公众生活提供更好的服务。

（四）利用"互联网＋"开展电商扶贫，推动扶贫由"线下式"向"线上式"转变

"互联网＋"不会嫌贫爱富，电子商务也不是大城市的专利，"互联网＋"完全可以在精准扶贫上大显身手。电子商务作为转变农业发展方式的重要手段，是精准扶贫的重要载体，也是促进农村三次产业融合的重要抓手。通过大众创业、万众创新，发挥

市场机制作用,加快电子商务发展,把实体店与电商有机结合,使实体经济与互联网产生叠加效应,有利于促消费、扩内需,促进农民增收与致富。当前互联网大大促进了信息的传播和对接,为农产品产销带来了前所未有的广阔市场,给农民打开了另一扇致富之门。选取电子商务作为扶贫切入点,不仅能带动当地整体经济的发展,更能有效提高扶贫的绩效。贫困地区要主动对接互联网,运用"互联网+"开展电商扶贫,让农民搭上"互联网+"这班"时代快车",变"面朝黄土"的农民为"面向互联网"的新农民。

一是建立有效运行机制。在贫困地区的省、市、县、乡、村五级成立互联网+扶贫领导机构和工作机构,五级联动,强力推动"互联网+扶贫"。扶贫是一把手工程,一把手亲自抓谋划、抓统筹、抓推动,是实现精准扶贫、精准脱贫的关键。首先,要加大政策资金扶持,保障电子商务农村扶贫模式经营的顺利开展。政府要根据具体地区情况,围绕电子商务农村扶贫工作,做到政策优先倾斜、项目优先安排、资金优先保障,对贫困农村的电子商务扶贫模式的主体提供政策与资金扶持,为建立一套系统的高效运作的电子商务农村扶贫模式提供保障。其次,要坚持市场导向作用,增加电子商务农村扶贫模式经营的实际效益。电子商务农村扶贫模式的建设要注重农业市场的导向作用,采用市场的运作方式及方法,使农业产品的供求关系平衡,获得最大的农业效益,从而增加贫困农民的收入,解决农村贫困问题。再次,要加快体制机制建设,健全电子商务农村扶贫模式经营的规范体制。电子商务农村扶贫模式的规范运作需要建立相应的体制机制。完善的电子商务农村扶贫模式的运作机制,有助于顺利推进电子商务农村扶贫工作。最后,要开拓创新发展思路,创造电子商务农村扶贫模式经营的更优方法。电子商务农村扶贫模式需要结合农村社会经济发展情况,积极利用理论创新和实践创新成果,创建出新的适合本地区的电子商务农村扶贫模式的经营方法或新的电子商务农村扶贫模式。

二是加快电商服务体系建设。在服务体系建设方面,对于政府来说,重要的是营造环境,完善公共服务。政府要给政策、强基础、搭平台,注重规划引领、政策扶持、精准服务、创新驱动,为贫困群众提供硬件支撑和技术支持,积极探索"互联网+扶贫"模式,推动贫困群众搭上信息化"列车"。对于参与贫困地区扶贫的电商平台和大众创业企业来说,要注重练好内功,打造明星企业,履行社会责任,发挥示范带动作用。通过政企联动,协同攻坚,共同打造"互联网+扶贫"生态圈。发展电商网络技术,保证电子商务农村扶贫模式经营的高效运行。利用先进的网络电子技术,建立电子商务农村扶贫服务平台和农业电子数据库,对涉及生产、加工、交易、物流等环节的网络和数据进行分析与挖掘,为精准扶贫提供支撑。尤其要重视物流体系建设,加快贫困地区交通建设步伐,扶持物流企业在贫困乡村设立快递代办点,鼓励发展面向乡村的"草根物流",降低物流运营成本。目前,以阿里巴巴、苏宁、京东为代表的中国电商企业借助市场的力量,推动"工业品下乡、农产品进城"双向流通,通过网上交易量的增加,倒逼物流业进农村谋发展。在拓展农村市场的同时,带动了大众创业、万众创新,助推了"互联网+"在精准扶贫方面的精准发力。要加强经营管理能力,促进电子商务农村扶贫模式的作用发挥。经营管理能力的提高,公共机构、农业企业和合作社的收益增加或工作效率提高,有助于电子商务农村扶贫模式形成高效的运作机制,同时也促进市场主体在电子商务扶贫工作上发挥更大的作用。

三是加强电商人才培育。发展电商,人才是关键。上网技能缺失以及文化水平限制仍是阻碍非网民上网的重要原因。调查显示,因不懂电脑网络、不懂拼音等知识水平限制而不上网的非网民占比分别为54.5%和24.2%[①]。加强电子商务扶贫人才引进和培训,有利于保障电子商务农村扶贫工作的高效持续开展,增加经营主体模式的运作活力,持久高效地推动农村经济发展。要通过与职业院校、电商巨头合作等方式,建立电子商务服务站、电子商务培训基地、电子商务协会,开展电子商务实用性培训,大力培养农村电商人才。要以"一村一名农民大学生"、第一书记、种养大户、专业合作社负责人等为重点,帮助他们熟练掌握开店流程、网店装修、网络营销、电子物流、电子支付与收款、电商安全等电商经营技巧,将其发展成农村电子商务带头人,以此示范带动广大村民"触网"、开店、脱贫,让农民搭上"互联网+"这班"网际快车",通过"草根创新创业"成为贫困地区借助"互联网+"促进经济发展的内生新动力。

(五)利用"互联网+"开展金融扶贫,推动扶贫由"漫灌式"向"滴灌式"转变

穷是因为缺钱。钱生钱,才能造血,金融是现代经济的核心。墨守成规,故步自封,是无法打赢扶贫攻坚战的。在传统金融扶贫无法满足贫困地区刚性需求的情况下,可以发展互联网金融,携手传统金融一起开展扶贫开发。"互联网+金融扶贫"对于补齐贫困地区信息"短板"、填补贫困地区金融服务空白、实现扶贫全过程的精准高效、打破农村资源单向流动困境可以发挥重要作用。近年来,我国互联网金融快速发展,支付宝、微信支付等第三方支付已经广泛融入居民日常生活。股权众筹、网

[①] 中国互联网络信息中心. 第39次《中国互联网络发展状况统计报告》[R]. http://www.cnnic.cn/gywm/xwzx/rdxw/20172017/201701/t20170122_66448.htm, 2017-01-22.

络小贷等众多互联网线上融资模式,逐渐成为我国大众创业、万众创新的重要推动力。要利用以 P2P 网贷平台、金融云平台等为代表的互联网金融产品,结合大数据进行"精准滴灌",把互联网的创新成果与扶贫脱贫深度融合,在解决传统金融扶贫问题的基础上,推动技术进步、效率提升和组织变革,提升扶贫脱贫的创造力与实效性,形成更广泛的以互联网为基础设施和创新要素的精准扶贫精准脱贫新形态,为金融资源与扶贫开发的有效对接提供广阔发展空间,催热潜力巨大的贫困地区金融蓝海市场。

一是规避网络金融安全风险。互联网金融作为一种全新的金融模式,没有什么成熟的经验可供借鉴,只能是"摸着石头过河",在不断的实践中摸索出正确的、适合的经营模式、业务流程、风险控制方法等。发展的第一前提是安全与合法。互联网金融依托的是发达的计算机网络通信,而当下我国的网络环境存在着很多潜在的风险,一方面,移动终端越来越多地涉及商业秘密和个人隐私等敏感信息,面临各种安全威胁,如恶意订购、自动拨打声讯台、自动联网等,极易造成交易主体的资金损失;缺乏有效规划,重复建设,即信息化全局工作缺乏有效的规划,导致部分重复建设;信息孤岛现象严重,即各部门、各行业都在信息化,但不能连接起来发挥综合效应;缺乏完整、科学的标准体系,即缺乏统一的城市信息化标准体系,不同部门组织制定的信息化标准之间不协调;缺乏合适的运行管理模式,即缺乏科学、实用的城市信息化建设的总体框架,缺乏适合不同类型城市使用的建设与运行模式。另一方面,我国的互联网金融软硬件系统主要依托于国外,自身缺乏具有高科技的知识产权,一旦境外黑客分子非法入侵系统,都会对我国的互联网金融公司造成很大的危害。如何摆脱国外的技术依赖,如何加强互联网交易的安全性,都是目前我国互联网金融所面临的巨大挑战。

二是通过供给侧改革精准扶持。扶贫供给侧改革是"十三五"精准扶贫、精准脱贫的着力点和新动力。加强扶贫供给侧改革,切实增加扶贫供给总量,把扶贫资金投向贫困群众且投向他们迫切需要的地方,着力增加扶贫有效供给,能够激发贫困群众的首创精神,推进脱贫攻坚进程。必须深入推进供给侧改革,在"互联网+金融扶贫"各个层面的有效供给上下功夫,让平台、企业等各方力量在金融扶贫的广袤空间里"海阔凭鱼跃,天高任鸟飞"。首先,各金融机构要借助互联网金融的模式,积极对接扶贫部门确定的建档立卡贫困户,深入了解贫困户的基本生产、生活信息和金融服务需求信息,建立包括贫困户家庭基本情况、劳动技能、资产构成、生产生活、就业就学状况、金融需求等内容的精准扶贫金融服务档案。其次,以此找准切入点,在兼顾公平扶贫与重点扶贫的前提下,视融资、担保不同对象的情况和信用记录的差异,采取不同策略,用不同的金融功能去对接不同的扶贫需求,从"投入侧"入手,把钱真正花在刀刃上,扶到根上、扶在点上,在特色种植、旅游业、教育、搬迁、基础设施、社会保障等方面让金融扶贫真正发挥作用,使互联网金融业在实践中成为精准扶贫的生力军。

三是推动普惠金融服务发展。普惠金融是指立足机会平等要求和商业可持续原则,通过加大政策引导扶持、加强金融体系建设、健全金融基础设施,以可负担的成本为有金融服务需求的社会各阶层和群体提供适当的、有效的金融服务,并确定农民、小微企业、城镇低收入人群和残疾人、老年人等其他特殊群体为普惠金融服务对象。长期以来,传统金融服务体系在"三农"领域的种类、灵活性和多样性供给不足,面对农业供给侧结构化改革的需求不能有效发挥作用。很多农户和小微企业,常因为授信额度不足、过分依赖抵押和担保难以扩大生产。应运而生的天生具备普惠属性和跨越地理鸿沟能力的互联网金融,通过大数据技术将信用的价值数据化、可视化,根据农村实际需求设计出针对贷款的周期灵活的金融产品,满足农村金融"短、小、频、急"的周期性特点,使更多农民、企业以及广大农村地区,把小额信贷等"不可能"变为"可能",以可负担的成本获得金融服务。此外,互联网还可以通过融通社会力量,让城市富余资金回流农村反哺贫困地区,促进贫困地区经济社会持续健康发展。"放水养鱼,唯有活水源头来",普惠式金融是缩小城乡差距、真正破解"三农"难题的有效途径,大力发展普惠金融成为新时期金融扶贫工作的重点内容。

(六)利用"互联网+"开展教育扶贫,推动扶贫由"输血式"向"造血式"转变

治穷要治本,扶贫先扶智,扶智先扶教,教育扶贫是关键。教育资源的贫乏是导致贫困地区劳动力素质较低、贫困代际传递的主要原因,也是传统教育模式一直难以解决的问题。对贫困家庭而言,因为缺乏知识文化、缺乏技能培训、缺乏精神支撑而致贫的不在少数。互联网教育提倡任何人、任何时间、任何地点都可以学习任何课程的理念,突破了传统教育的时间、空间维度限制。通过互联网贫困群体可以远程享受和城市相同的教育,其成本远远低于斥资引进人才、留住人才。要以互联网思维、互联网技术来审视教育扶贫工作,充分利用互联网平台化、平等化、开放化优势,通过互联网开展教育扶贫,激发内生动力,变等靠"输血"为强身"造血",让教育扶贫产生新的"化学反应",从而实现由"输血式"到"造血式"扶贫的根本转变

一是搭建城乡共享教育平台。传统观念中,我们提倡"要想富,先修路",而在互联网时代,则是"要想富,先联网"。互联网

的发展,颠覆了许多传统行业,也为教育扶贫提供了新的方式和契机。贫困地区错过了工业化的"班车",再不能错过信息化这一"高速列车"。要对贫困地区互联网教育进行顶层设计,向贫困地区输入优质教育资源,以职业教育为重点,加快提高当地劳动力素质,并逐步向基础教育、高等教育延伸。"慕课"(MOOC)是新近涌现出来的一种先进的在线课程开发模式,即把多种互联网新技术、电脑游戏等技术融合进去的新一代远程教育课程,被誉为"印刷术发明以来,教育领域最大的革新",呈现出"未来教育"的曙光,目前正在世界范围内快速发展。"慕课"改变着传统教育方式,其最大的好处就是可以把优质教育资源低成本广泛分享,为贫困地区群众提供了一个平等的教育机会和平台。此外,"云教育"、远程教育、"365大学"等各类网络教育平台,通过互联网技术将发达地区的优质教育资源传递到欠发达地区,可以有效改变教育资源分配不均衡的状况,实现教育公平。

二是补齐扶贫开发"短板"。教育是人的基本需求,也是重要的人力资本,是阻止贫困代际传递的最有效的途径之一。教育扶贫,重点在农村基础教育,难点在精准施策。首先,要做好学校信息基础设施建设保障,确保硬件设施建设配套不滞后。以此带动适合当地教育资源的开发,优先为村小学和教学点配置数字化优质教育资源。其次,在加强有针对性的互联网"线上"远程教育培训的同时,做好"线下"人才培养服务工作,协助当地教育部门组织大中城市和东部地区学校的专家学者、优秀教师、离退休专业技术人员和志愿者到当地学校服务,进行就业指导、技能培训等。最后,"互联网+"将促进互联网与传统行业相结合,催生一批新产业、新业态、新商业模式,应及时制定符合"互联网+教育"要求的相关制度标准,包括校园建设标准、教育教学资源开发标准、教师教育技术能力标准等,把"互联网+"带来的新要求充分反映到教学和管理的过程、流程中去。

三是发展应用型职业教育。新一代互联网最重要的特征是,跟需求结合得最为紧密。因为某种需求,才会去上互联网,才会乐意接受教育培训。应用型职业教育重点考虑的是贫困群体接受教育的需求意愿,这与互联网的特性不谋而合。教育扶贫最重要的"痛点"并不是硬件问题。过去开展的教育扶贫活动,大多是为贫困地区捐资捐物,加强硬件设施建设,但对软件问题关注不足。教育扶贫首先应该关注的是"学什么",即贫困地区究竟需要什么样的教育,需要什么类型的知识,应当开设什么样的课程。基础教育要强力推,技能教育要巧妙推,智能教育要重点推,特色教育要择人推。教育的面做宽以后,教育业的本身就是一个好的精准扶贫体系,可以实现整个社会的良性发展与互动。开展应用型职业教育应当是教育扶贫的重中之重,要借助互联网平台广泛开展职业技能培训,通过高水平的师资队伍将高质量、实用性强的知识、技能,有效地输送到贫困地区,充分发挥教育在促进扶贫、防止返贫方面的基础性、根本性、可持续性作用,营造全民终身学习氛围,培养一批"留得住、用得上、懂科技、善经营"的新型职业农民,切实提高贫困人口的就业创业能力,让贫困地区的人民真正富裕起来。2016年,网民对在线职业教育的使用率为34.4%,用户规模为4731万人[①]。随着我国经济的转型升级,人才结构性矛盾越来越突出,高层次技术技能型人才的数量和结构远不能满足市场需求,在线职业教育仍是一片待开发的蓝海。

---

① 中国互联网络信息中心.第39次《中国互联网络发展状况统计报告》[R]. http://www.cnnic.cn/gywm/xwzx/rdxw/20172017/201701/t20170122_66448.htm, 2017-01-22.

第三章 "互联网+党建"精准扶贫模式与路径

面对移动互联网的迅速发展,2010年1月时任中共中央政治局常委、国家副主席的习近平在全国基层党建工作手机信息系统正式开通仪式上就强调指出:"将手机等新技术应用到党建工作中,既是信息化时代发展的客观要求,也是党建工作与时俱进、改革创新的重要体现。"①要"把手机信息系统真正建成传播党的声音的重要窗口,通达社情民意的崭新渠道,推进基层党建的有效载体,服务基层的重要手段"。随着"互联网+"的蓬勃发展,互联网已全面深入到经济发展、社会交往、社会治理、政治生活等各个领域、层面和环节,全面改变着人们的工作、生产、生活理念。根据中国互联网络信息中心(CNNIC)发布的第39次《中国互联网络发展状况统计报告》,截至2016年12月,我国手机网民规模达6.95亿,较2015年底增加7550万人。网民中使用手机上网的人群占比由2015年的90.1%提升至95.1%,提升5个百分点,网民手机上网比例在高基数基础上进一步攀升。在此形势下,如何顺应信息科技发展潮流,主动运用互联网引领党建工作,是基层党组织面临的现实选择和必然要求。充分利用和发挥信息网络功能,实现"互联网+党建"的融合创新,是党建工作的新模式,是精准扶贫精准脱贫的组织保障。

---

① 李章军. 习近平出席全国基层党建工作手机信息系统开通仪式[N]. 人民日报,2010-01-06.

第一节 "互联网+党建"概述

一、"互联网+党建"的含义

在论述"互联网+党建"之前,首先,需要简单地介绍一下党建信息化的含义。所谓政党信息化,在我国称为党建信息化,"就是政党适应信息化发展的时代要求,广泛运用信息技术、网络技术来开展党的建设,更新党建模式、方式与方法"①,以提高党建工作效率、增强对民众的吸引力与感染力、促进政党生存与发展。从宽泛意义上看,党建信息化的过程就是不断致力于"互联网+党建"的过程。其中,推行电子党务、建立党建网站、以信息化平台推进党务管理与理论宣传,可谓"互联网+党建"的第一步;利用远程教育、微博、QQ群等平台加强党的建设,可谓"互联网+党建"的第二步;利用移动APP等推进党的建设、办手机报等,可谓"互联网+党建"的第三步。

二、"互联网+党建"的模式

基于互联网思维模式,"互联网+党建"的工作模式主要包括四种模式:B2B、C2C、O2O以及众筹模式②,这进一步盘活了党建资源,拓宽了服务渠道,激发了各方参与热情,满足了基层群众的真实诉求,使党建工作增添了不少"公益色"和"人情味"。

---

① 孙乾.中央纪委监察部APP开通"随手拍一键举报"无须实名[N].京华时报,2015-06-19.
② "互联网+党建"精准服务基层群众[J].宁波通讯,2015(21):74-75.

"B2B"模式,原是指企业对企业之间的营销关系,在这里引申为政府部门和企业、社区及村之间的关系,即通过集聚政府部门党建资源优势,更好地为群众提供服务。

"C2C"模式,原指个人与个人之间的电子商务,这里引申为党员个体与群众个体之间的关系,即通过搭建服务平台提升服务效率,实现党员个人兴趣、特长等与群众需求的精准对接,最大限度满足群众的个性化需求。

"O2O"模式,原指将线下的商务机会与互联网结合,这里更多的可以理解为在党建服务中打破传统模式的一种互联网思维。通过着力构建公益项目"线上线下"对接双轨制,将服务供需及服务过程通过网络平台进行发布、展示,实现需求线上申请、服务一键承接、线下服务同步开展、服务效果线上体现等,进一步打破传统公益资源在空间上的界限,有效拓宽公益服务实践渠道,提高党建服务的透明度和便捷性。

众筹,一般而言是通过网络上的平台连接起赞助者与提案者,群众募资被用来支持各种活动,包含灾害重建、民间集资、竞选活动、创业募资、艺术创作、自由软件、设计发明、科学研究以及公共专案等。"互联网+党建"将"众筹"理念引入党建工作中,积极探索推行公益党建"众筹"服务模式,调动社会各界资源参与公益党建事业,实现人、财、务等资源的最大化集约,有利于激发公众参与公益活动的热情。

三、创建"互联网+党建"模式的基本要求

世界信息网络技术正迈入网络空间时代,也是互联网从量变到质变的时代。以云计算、大数据、超级 APP 为基础的互联网统一体的形成,将促进互联网与各行各业的深度融合,并促进"互联网+"时代的真正到来。在这一时代,就像"三级跳"一样,

我国党建信息化不仅要迈向第四阶段,而且要实现从量变到质变的历史飞跃与拓展,迎来"互联网＋党建"的新时代。创建"互联网＋党建"模式的基本要求主要包括三个方面:

第一,适应"互联网＋"时代的要求,以云计算、大数据等为基础,努力打造并形成全国党建网络统一体。因为"互联网＋党建"需要一个以云计算、大数据为基础,综合运用计算机网站、移动网络、视频多媒体等形成一个互联互通、立体互动的党建网络统一体,没有全国统一、覆盖各级党组织的全国党建网络统一体,"互联网＋党建"就无从谈起。

第二,在"互联网＋党建"时代,不仅要有统一的超级党建网络来推进党建工作、提高党建工作效率,而且要适应信息社会的时代要求,实现信息网络发展与党的建设的深度融合,要转变党建思维、党建观念,创新党建模式与党建方式,努力推进党的建设"改革开放"。面对变化了的情况与社会发展,试图再用传统的党建理念、党建思维来解决新问题,试图再用"封闭式"党建模式与方式来建设信息化、现代化政党,是难以奏效的,甚至是事与愿违的。因此,在"互联网＋党建"时代,必须适应信息化发展与民主政治的时代要求,实现党建模式与党建方式的升级换代,由传统的"封闭式、命令式、运动式"党建模式与方式,升级为"开放式、民主化、常态化"的党建模式与方式①;由传统的"单位制"党建模式与方式,发展为"社会化"、"区域化"党建模式。这要求各级党组织及其党务干部与时俱进、更新观念,从"革命思维"、"控制思维"、"封闭思维"转向建设思维、民主思维、开放思维。尊重党员主体地位,保障党员权利,大力发展党内民主,扩大政

---

① 郑洪涛.适应"互联网＋"新常态 助推党建工作创新[J].理论学习与探索,2015(6):19-20.

治参与度,克服党内行政化与官僚化倾向。实行党务公开,增强党的工作透明度,充分依靠发动广大党员来推进党的建设。

第三,要以"互联网+党建"来破解党建难题,推进党建内容创新与科学发展。从从严治党与党的建设科学化角度看,当前党的建设既存在老难题,也存在新难题。而新老党建难题的解决,依靠传统的党建思维、党建模式、党建方式难以奏效,只有借助"互联网+党建"才能解放思想,开阔视野,找到解决的办法。坚持"网络党建"与"区域化党建"的有机结合,才能破解"单位制"党建的当代困境①;只有发展党内民主,创新党建内容,深化党的建设制度改革,才能开创党的建设的新局面。

四、国内研究现状

随着"互联网+"时代的到来,党建信息化进程不断加快,"互联网党建"已作为一种新常态融入基层党组织活动的各个方面,"互联网+党建"成为融入网络新媒体、适应新形势,实现党建创新发展的新课题。利用互联网开展党建工作,使互联网成为党建工作的窗口、信息沟通的桥梁、组工研究的园地、党员教育的助手,是党建工作实现领域和技术创新的一项重要内容。现代互联网的高速发展,改变了人们的思维模式、行为模式,同时也给党建工作带来新挑战、新机遇和新渠道。

截至 2016 年 12 月,我国网民规模达 7.31 亿,相当于欧洲人口总量,互联网普及率达到 53.2%。我国手机网民规模达 6.95 亿,增长率连续三年超过 10%。我国包括支付宝、微信城市服务,政府微信公众号、网站、微博、手机端应用等在内的在线政

---

① 崔海燕.搭建"互联网+党建"新平台[J].共产党员,2016(3):26.

务服务用户规模达到2.39亿,占总体网民的32.7%①。互联网政务服务各平台的互联互通及服务内容细化,大幅提升政务服务智慧化水平,提高用户生活幸福感和满意度。各级政府及机构加快"两微一端"线上布局,推动互联网政务信息公开向移动、即时、透明的方向发展。从上述资料可以看出,随着互联网和网络设备的普及,网络已经与人们的日常生活紧紧联系在一起,成为日常生活中不可替代的存在,网络政党也跟随这时代的步伐而诞生,通过网上搜索等方式来认识政党,越来越被人们所接受,政党通过网络宣传的形式来弘扬政党,也成为宣传政党的重要手段。

首先,从"互联网+党建"主要作用来看,"互联网+党建"有效地加强了政党执政能力。如《发展电子党务,增强执政能力》中对发展电子党务、提高执政能力提出了三点要求:"第一,构建电子党务必须与电子政务同步;第二,运用系统工程的方法搞好电子党务建设;第三,系统规划,分阶段推进电子党务建设。"②其次,从"互联网+党建"表现形式来看,"互联网+党建"对政党文化产生了积极的影响。如《电子党务对政党文化的影响》中指出:"第一,从思想文化方面。宣传马克思主义的阵地,党的优良传统的展示。第二,从制度文化方面。民主集中制的加强,党务组织机制的完善。第三,从行为文化方面。有效制约权力的使用,增强党的执政能力。第四,从心理文化方面。以人为本的理念,体现了党的宗旨。第五,从标示文化方面。宣传党的标示,

---

① 中国互联网络信息中心. 第39次《中国互联网络发展状况统计报告》[R]. http://www.cnnic.cn/gywm/xwzx/rdxw/20172017/201701/t20170122_66448.htm, 2017-01-22.

② 邱思开. 发展电子党务 增强执政能力[J]. 中共福建省委党校学报, 2005(1): 29-33.

普及政党理念。"① 政党文化是政党体系的重要组成部分,对政党的发展有着积极的作用。我国的"互联网+党建"工程起步比较晚,还有许多不完善的地方需要在实践中加以改进。要以科学发展观为指导,大力推进"互联网+党建"的发展进程,弘扬政党文化,以加强党与群众的联系为目标,提高政党的执政能力。最后,"互联网+党建"作为一个新兴的事物,在信息化时代背景下恰当合适地出现在人们视野中,给中国共产党党建工作增添了新的活力。但"互联网+党建"毕竟才刚刚起步,推进工作还需党务工作者和学界同仁共同努力,将"互联网+党建"的研究推向一个更高、更新、更深的阶段,以期取得新的突破与进展。

五、国外研究现状

由于电子信息革命兴起,西方发达国家在 20 世纪 70 年代率先进入了网络时代,网络的传递性、广泛的覆盖性使得网络政党孕育而生。一经出现就给政党带来了新生的活力,政党以网络为平台,宣传政党思想,调动党员参与政党活动的积极性。Erik Bergrud 和 Kaifeng Yang 编写的《网络社会的公民参与》指出,在现代网络社会中公共领域与私人领域相互作用,对行政方面的合作管理进行了理论与实践调查研究,并指出政府、公民当前面临的挑战。Brian D. Loader 著《数字时代的青年:政治参与、青年与新媒体》提出,青年参与政治,互联网有无帮助,网络上青年主导政治的前提是什么?描述了青年投票人和政治网络出现的新现象。Jodi Dean,Jon W. Anderson 和 Geert Lovink 编著的《重新定格政治:信息技术和全球公民社会》指出:公民社

---

① 胡方圆.电子党务对政党文化的影响[J].学理论,2010(30):32-33.

会组织利用信息传播技术通过实际活动和互联网络获得自身利益,这些新技术促成这些组织构成地区与全球之间广泛的联系网络。Rachel Gibson,Paul Nixon 和 Stephen Ward 合著的《互联网与政党》提出信息时代政党与民主问题,并对网络时代美国选举中多数党同少数党的争斗进行了研究。

就以上研究,西方发达国家还利用网络先进技术推进网络党建,其主要形式有以下几种。

(一)设计优秀的党建网站,并进行有效的推广

美国的民主党和共和党、德国的社会民主党、法国的社会党、英国的工党等国外政党都很早就建立了自己的政党网站,以此为依托,向党员、群众宣扬自己的政治理念,解释本党的路线方针政策,介绍本党的组织构成,展示党员的风采以及取得的成绩,以提高本党的公信力和影响力。使普通党员和民众能不受时空限制,在第一时间了解党的情况。

(二)利用党建网络做好政治动员工作,让政党在竞选等大型活动中发挥更大的作用

西方国家的政党要上台执政必须取得大选的胜利,政治动员的成效如何直接关系到选举的成败,网络成为动员的新领域。美国共和和民主两党、法国人民运动联盟和社会党在近几年的总统和议员大选中都充分利用了党建网络,把各种信息在网上及时发布,把候选人等信息形象生动地展示在网民面前,并邀请一些专家来写一些符合政党需要的评论文章,增加党建网络的语言种类,尽可能多的获取支持。加拿大的自由党、保守党甚至开通自己的博客,把它作为宣传的平台,扩大对自己有利的宣传,贬低竞争对手,获取更多选民的支持。

(三)借助党建网络吸收新党员,同时开展党内的日常活动

随着网络信息技术的不断发展,"互联网+党建"差不多可

以代替传统政党的功能与活动。美国的共和党和民主党、意大利左翼民主党、澳大利亚工党以及荷兰工党等都将成为新党员需要办理的手续放在党建网站上,如果想要加入该政党,网民可以随时下载相关表格,完成登记并在网上缴纳相关费用。许多政党还将网络变为党内沟通的平台,让政党的各级组织和党员能够进行便捷有效的沟通。

(四)利用互联网加强党内外的相互联系

网络信息技术的实时性和双向互动,使政党的各个阶层都能进行相互沟通,逐步改变原有的党内部自上而下的官僚体制,有利于加强党内民主与社会民主的发展,增强政党在网络环境下的合法性和合理性。瑞典社民党、法国社会党都建立了中央和基层党组织均可共享的党建网站,定期或不定期组织各级领导人与党员、支持者在网上召开会议和进行交流。有的政党在党建网站平台上开设相关专区,党员在网上可以和党的领导人进行直接交流,从中获取自己想要的信息。通过党建网站,政党还可以给党内成员发送相关文件、组织投票,还可以针对各种问题进行问卷调查,更好地发扬民主,为政党各种政策的制定和施行汲取意见和建议。

(五)加大资本和人才技术投入,使"互联网+党建"系统更加完备

各发达国家政党领略到"互联网+党建"成效之后,进一步提高了"互联网+党建"的执行意识,对"互联网+党建"增加了资金投入,使党建网站的内容更丰富更多样,功能进一步完善。澳大利亚工党的新党章中就特别提及加强政党网络建设的重要性,让政党的活动方式与网络紧密结合。

第二节 "互联网＋党建"与精准扶贫的关系

习近平总书记指出："全面建成小康社会，最艰巨最繁重的任务在农村、特别是在贫困地区；没有农村的小康，特别是没有贫困地区的小康，就没有全面建成小康社会。"当前，正处在扶贫攻坚、加快发展的关键阶段，确保到2020年全国全区同步进入全面小康社会，必须认真贯彻落实全国扶贫工作会议精神，始终坚持把精准识贫、精准扶贫、精准脱贫贯穿党建工作全过程，把党建与扶贫同部署、齐推进，创新党建形式，以党建扶贫促精准脱贫。

一、"互联网＋党建"对于精准扶贫具有政治引领和组织保障作用

精准扶贫、真正脱贫、不再返贫是众多贫困家庭的共同愿望，也是各级党组织和党员干部肩负的重大历史使命。当前，全面建成小康社会已经进入倒计时和决胜阶段，要啃下扶贫攻坚的"硬骨头"，在组织工作中，关键是如何将党建与扶贫深度融合，引导各级党组织把工作重心放在挖"贫"根、拓"富"路上，为加快贫困村脱贫致富提供坚强的组织保证。党的基层组织是党全部工作和战斗力的基础，是团结带领群众贯彻党的理论和路线方针政策、落实党的任务的战斗堡垒，对于精准扶贫具有重要的政治引领和组织保障作用。通过"互联网＋党建"的模式，创造性地开展基层党建工作，把基层党建工作与精准扶贫工作深度融合，全力推进基层服务型党组织建设，创新工作举措，强化党建引领，为早日实现脱贫致富奔小康提供了强有力的组织保障。

加强基层党建,筑牢推进精准扶贫的坚强堡垒,必须以更大的精力和力量,全面推进各领域基层党组织建设,实现党的组织和党的工作全面覆盖。针对不同领域党建工作实际和重点,在重点抓好农村基层党建工作的同时,围绕社区党建抓服务、机关党建抓作风、"两新"组织党建抓覆盖、事业单位党建抓改革,统筹推动基层党组织全面进步,全面过硬。

二、"互联网+党建"是精准扶贫的重要的战斗堡垒和主心骨

习近平总书记指出:"越是进行脱贫攻坚战,越是要加强和改善党的领导。"精准扶贫、精准脱贫,要靠坚强有力的基层党组织去引导、去推动、去落实。通过"互联网+党建"的模式,加强基层党组织的建设,可以使其充分发挥在精准扶贫工作中的战斗堡垒和主心骨的作用。要借鉴互联网的思维,创新党建工作的方法和思路,全面推行村干部坐班制和为民服务代办制,加大对软弱涣散的基层党组织整顿力度,完成相关贫困村的村党组织转换升级,对贫困村党支部书记(主任)集中开展精准扶贫专题培训,结合扶贫驻村工作,指导村党支部建立健全党员发展、组织生活、民主管理、学习培训等一系列相关制度。要规范基层党组织生活,加强基层党员教育,经常性进行交心谈心,把广大基层党员的思想统一起来,力量凝聚起来,激活基层党建工作,强化目标管理,建立激励机制,激发基层党组织书记的工作活力,为全面打赢扶贫开发攻坚战提供坚强的基层战斗堡垒。

与此同时,要切实发挥党员干部在精准扶贫工作中的先锋模范作用,将推进精准扶贫工作作为锤炼党员干部"三严三实"作风的一次生动实践。各级党员领导干部要以身作则、率先垂范,充分发挥扶贫攻坚"主心骨"作用,逐户走访了解村情实际,指导帮助制定脱贫措施,带领党员和群众加强基础设施建设、培

育发展致富产业、开展环境卫生整治,以严和实的作风架起与困难群众之间的"连心桥",为加快推进精准扶贫、精准脱贫注入强大动力。

三、"互联网+党建"是精准扶贫的重要载体和抓手

通过"互联网+党建"的模式,运用互联网的思维和方法,可以不断创新活动载体,坚持以党建示范引领精准扶贫为工作思路,构建起党员和群众致富、集体经济增收、村级党组织晋位升级的"三赢"格局。要充分发挥"互联网+党建"的平台作用,着力打造一批产业突出、经济发展、党建工作特色鲜明的党建示范带和示范点,有效促进党员和群众增收、村级党组织升级晋档,为精准扶贫创造一个良好工作基础。同时,通过互联网加强对基层党组织的建设,有利于完善工作机制,强化服务保障。要结合扶贫攻坚目标任务及要求,不断完善精准扶贫工作机制,全面指导乡镇党委进一步加强对基层党组织服务,帮助基层组织健全完善便民服务机制、村务监督机制、责任落实机制、考核评价机制,切实以强化基层党建工作来保障精准脱贫,以精准脱贫的成效来检验基层党建工作成果。

四、"互联网+党建"有利于对精准扶贫的资源进行有效的整合

精准扶贫是一项综合性的系统工程,政策性强,涉及面广。"互联网+党建"的模式有利于健全资源整合分配平台,构建资源整合长效机制,组织协调有关部门单位强力推进精准扶贫政策资源、财力资源、人力资源、产业资源的有效整合,实现扶贫资源最佳配置。精准扶贫围绕扶贫对象的"贫困人口"与"农民"的双重身份,根据不同地方的区域特点和项目建设需要,通过"互联网+党建"的模式,可以做好金融、保险、创业、税收优惠等各

项发展政策的有机结合和优化组配,构建不同类型的政策组合体系,形成强大的政策资源集成优势,发挥政策的叠加效应、乘数效应。同时,将互联网与基层党的建设有机地结合起来,有利于整合各部门的优势,发挥部门资源的汇聚效应与协同效应,多维综合扶贫,形成扶贫合力,实现扶贫效益最大化。

第三节 "互联网＋党建"助推精准扶贫的发展目标

随着"互联网＋"的蓬勃发展,互联网已全面深入到经济发展、社会交往、社会治理、政治生活等各个领域、层面和环节,全面改变着人们的工作、生产、生活理念。在此形势下,如何顺应信息科技发展潮流,主动运用互联网引领党建工作,助推精准扶贫,是党组织面临的现实选择和必然要求。[①]

一、遵循虚拟性,打造"互联网＋党建"的信息平台

虚拟性是互联网交流的首要特征,其中参与者发表观点、主张、意见、建议突破了传统媒介的时空限制,获得了广阔的载体和多元的传播渠道。人人都是信息的发布者,针对这一情况,党建工作应主动应对,加强管理,趋利避害,为我所用,努力在信息网络化的发展中占据主动地位,积极探索"互联网＋党建"的工作模式。在网络平台上,及时传达党务信息,宣传党的方针政策、工作经验、先进典型事迹等,在线解答党员和群众提出的问题,倾听党员和群众心声。

---

① 徐杰."互联网＋基层党建"的探索[J].企业文明,2015(11):62-63.

二、坚持政治性,打造"互联网＋党建"的学习平台

当前,经济社会发展处于新的形势下,就外部而言,市场经济的发展,使得整个社会工作、生活节奏不断加快;就党内部而言,体制改革、经济转型等工作,对广大党员提出了新的更高的要求,其面临的工作量也进一步增加,其获得的信息量大且杂乱。这就要求我们创新工作理念、思路和方式,紧紧把握党员和群众的思想脉搏,积极依托互联网高效性、迅捷性、交互性等优点,对海量数据资源进行挖掘和运用,总结提炼核心内容,精心打造互联网上党的思想学习阵地,用党的理论武装党员的思想。

三、注重即时性,打造"互联网＋党建"的快速平台

实效性是"互联网＋党建"的基础。现在只要动动手指,我们就能从共产党员微信公众号等第一时间了解到党中央最新动态。想要了解的党建知识,从网上党校等有关媒体就能很快得到答复,极大地方便了党员和群众。"互联网＋党建"既是广大党务工作者了解党建信息、交流党建工作经验、研讨党建理论的重要载体,又是实行党务公开,密切党群关系的重要途径。党组织要在内容的丰富性和实用性上下功夫,进一步强化服务功能,使广大党员真正从中得到教育和收获,吸引更多的党员和群众来关心和参与"互联网＋党建"。

四、关注互动性,打造"互联网＋党建"的开放平台

网络空间是一个高度复杂化、虚拟化的社会系统,以群体互动为动力机制。为了能真正吸引党员和入党积极分子上网,应充分利用网络开放性的特点,坚持发布信息与互动交流相结合。党组织要及时响应群众诉求,直面问题,能解决的困难和问题马

上解决,不能解决的困难和问题,做好说服解释工作,及时给予反馈,增强信任。

五、夯实传统性,打造"互联网＋党建"的硬件基础

中国共产党在 90 多年的发展历程中,总结出了很多卓有成效的传统和做法,如坚持贯彻执行民主集中制、坚持用好批评和自我批评武器、坚持严格党内生活、坚持党性原则基础上的团结、党支部"三会一课"等。当前,党员的思想观念、价值取向、事业目标、工作生活方式等也都向着个体性、选择性、差异性等发展。坚持传统好的做法,强化党建工作传统优势是思想政治工作撇不开的主题。

要利用"互联网＋"扁平化、无边界、零距离、大数据、高速度的优势,开办微信公众号、QQ 群、微博、网上党校等载体,把"互联网＋党建"的工作模式渗透到每一个党组织及每一个党员。进一步拓展功能,丰富内容,把互联网建成宣传贯彻党的路线方针政策、党内文化的新载体,进行党员教育管理的新窗口,展示创新成果的新平台和密切党群、干群关系的新桥梁。开辟服务党员的网络新阵地,进一步增强党组织的凝聚力和战斗力,为党建工作注入科技创新力量,让党建工作更具渗透带动力。

第四节 "互联网＋党建"助推精准扶贫的重点任务

互联网时代党建工作还存在诸多的问题,党建工作形势不容乐观。各种跨越国界的思想政治理念和文化在网上自由传播,一些虚假有害信息也掺杂其中。这些具有很强的迷惑性和渗透性的信息,正在对党员干部的思想意识、理想信念、甚至政治立场产生着不容忽视的消极影响①。网络为人们构筑了"虚拟"的交往世界,登录上网使人们超越时空的约束,毫不拘束地进行信息传递、情感交流、思想交汇,由于这种沟通和交流往往是个性化的,所以,在客观上弱化了党员与组织的联系,淡化了他们的组织观念,在一定程度上也影响到党组织的控制力。

一、"互联网+"时代党建工作中存在的主要问题

在"互联网+"的条件下,基层党组织能够积极在信息网络领域寻找新的党建工作切入点,主动整合融入,但在研究构建"互联网+党建"过程中还存在很多实际问题②。

"互联网+党建"系统融合不到位。"互联网+"思维没有完全形成,党建信息化推进不快,存在传统党建与网络党建"两层皮"、融合度低的问题,现有管理方式还比较落后,跟不上网络信息发展的步伐。

"互联网+党建"智能开发不到位。当前的党建网络信息化还处于党建工作网上办公水平,对以大数据和云计算为核心的网络信息新科技没有有效开发运用,"网络党建"还没有迈出向"智慧党建"提档升级的重要一步。

"互联网+党建"功能延伸不到位。"互联网+"时代,正在改变着党员和群众的思维方式与行为方式,也在打破党建工作的时空观,当前存在对网络党建工作规律的认识和把握不够,有效延伸网络党建触角、创新党建内涵不足的问题。

出现上述问题主要有两方面的原因:一是制度管理不规范。

---

① 侯宗宾.新时期党建理论与实践[M].北京:中共中央党校出版社,2009.
② 郑洪涛.适应"互联网+"新常态 助推党建工作创新[J].理论学习与探索,2015(6):19-20.

随着党建网站工作的深入开展,各地区、各部门同时相继出台了一些管理制度,但在当期"互联网＋党建"工作中,还存在着管理不规范的现象,网站经常被黑客攻击,网页页面被篡改,信息发布手续不全,甚至出现一些黄色网站链接。因此,要把抓好党建网站作为一项经常性工作,定期浏览党建网页,研究网站工作。党组织负责人,要经常过问党建网站运行情况,检查"互联网＋党建"工作的运行情况,不断完善制度的管理,增强制度管理的规范性。二是队伍建设配置落后。当前许多党建网络管理者多为兼职人员,专业化程度较低。同时,党建工作网站内容有的表面看起来非常丰满,实际可看内容非常空,甚至有些内容过于娱乐化,缺乏严肃性。只有解决了软硬件建设问题,党建网站才有可能越办越好,才能够真正发挥网络在党建工作中的作用。

二、"互联网＋"时代创新党建工作的重点任务

习近平总书记 2016 年 2 月在党的新闻舆论工作座谈会上强调:"要适应分众化、差异化传播趋势,加快构建舆论引导新格局。要推动融合发展,主动借助新媒体传播优势。"把握潮流才能赢得未来,运用好新技术、新平台成为各级党政机关政务信息传播工作的要点。"互联网＋"拓展了党建工作的时空观、丰富了党建工作的方法论,激励我们驾驭互联网创新党建工作思维,为推动经济社会大变革、助推精准扶贫提供政治保障。

(一)拓展"互联网＋"载体,打造"立体党建"

随着互联网的无限延伸,党员网民越来越多,本着"哪里有党员,哪里就有党组织"的原则,充分运用互联网,构建立体化的党建工作体系。一是"互联网＋党支部",拓展党的组织维度。依托互联网能够打破时空界限和身份壁垒的特点,结合基层党建工作和党员分布情况,研究建立虚拟党支部,把不同领域、不

同单位、不同部门中具有同一目标、属性、特性的党员通过网络凝聚在一起,成立虚拟党支部,拓展党的组织结构的维度。如建立"青年志愿者党支部"等,形成多维度立体化的基层党组织结构,增强党支部的战斗堡垒作用。还要建立信息化党支部,把实体党支部建设和传统管理模式与互联网有机结合,实现党支部建设网络办公管理。如在"三会一课"上实行模板化和清单式管理,促进简政提效。二是"互联网＋宣传",拓展网络舆情阵地。对传统媒体和网络新媒体的宣传引导功能进行调研分析,按实际需要统筹整合各种媒体资源,削减不适用的传统宣传形式,并将有效的传统宣传载体融入互联网,通过自媒体、多媒体、手机视频等新兴传播方式,提升舆论宣传的体量和影响力。如充分利用微信、微博、微网功能,融入党员的生产、生活和行为方式中,增强网络舆论宣传的吸引力和渗透力。三是"互联网＋活动",拓展党员活动空间。由于互联网可以打破时间和空间的界限,党组织活动不必在特定的时间、空间内进行,使党组织活动维度无限延伸,由实体空间拓展到虚拟空间,极大拓展了基层党组织的活动领域,让在职党员和流动党员有了更为便捷的组织参与条件。如建立"党员网上活动室"、开办"党支部书记视频党课"、党员网上过政治生日、重温入党誓言等,增强党员活动的灵活性、参与性、便捷性,使党内活动更有实效更加丰富。打造"立体党建",使扶贫信息更全面、更精准。

(二)活化"互联网＋"思维,打造"智慧党建"

"互联网＋"是全面深化改革的技术引领,具有特有的大数据功能优势,所以,要充分运用这种大数据手段,通过对党建基础数据的采集、分析、管理、开发和运用,实现高精度管理和个性化服务,让"网络党建"向"智慧党建"换档升级。一是推进党员管理智慧化。搭建党员网络管理平台,运用大数据和云计算技术,建立党员管理功能模块,实现党员动态管理、党费收缴、组织关系转接、积极分子考察、党员和党组织作用分析及晋位升级考核等工作网络化、系统化、智能化。二是推进党员教育智慧化。充分利用互联网信息技术,整合电视、微信、短信、网络教育平台等资源,汇集各类音像资料及各层次党建精品课件,并形成集领导、专家、优秀典型和先进经验于一体的师资库,建立一整套完善的网上党员培训系统,通过在线图书室、网上党建资料室、党建研究室、网上党校和远程教育等网络载体,为党员提供自主式、定单式、菜单式、点播式的学习培训方式,解决党员职工因通勤、倒班、休假、出差等情况导致的集中学习难、定点学习难、定向学习难的问题,突出党员教育资源丰富、方便快捷、人性化交互的智能特点,增强党员教育的实效性和灵活性。三是推进党员服务智慧化。在互联网上建立党员综合服务保障模块,通过建立网上"党员110服务队""党员青年志愿者微信群""党内服务品牌工程""党员帮扶热线"等载体,全方位为职工群众提供服务意向、服务资源、服务技能、服务信息,充分对接职工群众的服务需求,并通过设立党员服务质量反馈和打分评价系统,推进党员和党组织改进服务,充分发挥党员在急难险重任务上的引领示范作用和党组织的战斗堡垒作用,实现网上虚拟对接,网下实体服务,整合服务资源,提升服务职工群众的网络智能化水平。打造"智慧党建",为精准扶贫提供数据库支持。

(三)发挥"互联网+"优势,打造"阳光党建"

以习近平为核心的党中央作出了"四个全面"的战略布局,并把全面从严治党作为推进其他"三个全面"战略的重要保障,这就要求我们充分运用互联网信息公开的优势,把"网络党建"打造成"阳光党建"。一是建立回应平台,赋予党员知情权。充分利用互联网,公开党建工作和生产管理过程,及时回应党员和群众的知情需求。如设立"政策导读""支部动态""党建指南""网上直播间"等网络形式,畅通党员知情渠道,便于党员掌握形势任务、工作目标和管理过程,促进党员和党组织在生产管理中勇立潮头引领示范。二是建立互动平台,赋予党员参与权。基于互联网的开放性与互动性,打破以往信息单向传递的弊端,实现党组织与党员、群众的联系对接。如建立党组织网上决策、党代表网上联系党员、党员网上选举、党员网上联谊交流和民主评议党员等网络活动载体,进行双向沟通,进一步推进党建工作科学化、透明化;同步推进党建网站、党建微博、党建微信的运用,增强党员主动参与管理的积极性和责任感。三是建立公开平台,赋予党员监督权。阳光是最好的防腐剂,公开是最好的监督。在强化党员和党组织自我约束的自压和监督机制的内压的同时,要充分利用网络监督的外压,增强防范腐败的驱动力。如在网上设立领导信箱、举报箱、党风评议信箱等网络监督载体,接受群众对党员特别是党员领导干部的监督,并不断扩大网上公开和监督的范围,拓宽民主管理渠道,放大党务公开网络反腐机制的倍增效应。打造"阳光党建",确保精准扶贫战略政策的高质量实施。

第五节 "互联网+党建"助推精准扶贫的对策建议

党的十八大报告明确提出:要"加强和改进网络内容建设,唱响网上主旋律"①。面对信息时代网络高新科技对政党文化、

---

① 胡锦涛. 坚定不移沿着中国特色社会主义道路前进 为全面建成小康社会而奋斗——在中国共产党第十八次全国代表大会上的报告[M]. 北京:人民出版社,2012.

政党理念、政党执政方式的冲击,我们应从改变党员干部的领导观念、构建党建网站的灵活机制、优化网络党建的人才结构、均衡发展以提高网络党建的覆盖面入手,大力加强"互联网＋党建"建设。网络党建的发展是时代需求的必然趋势,把党建网站工作推向一个更高、更快、更强的境界需要各级党组织与广大党员共同努力,只有这样才能让网络党建的发展成为政党执政的有力奠基,给政党注入新的活力,增添新的力量,使党建更好地助力精准扶贫。

一、领导干部以转变为先导,努力打造网络政党的新形象

网络时代政党建设,需要党政领导干部发挥示范带头的作用。首先,从执政环境上来看,当前我们党的建设不仅面对着从革命时期向执政时期的转变,同时,在网络信息科技的高速发展环境下,我们党还面临着从执政时期党的建设向网络虚拟社会时代政党建设的转变。党的建设任务十分艰巨,特别是对网络虚拟社会政党建设提出了更高的要求,一方面是对传统政党建设方式的改革,另一方面是对党的执政方式和执政理念的深化与转变。所以,党员领导干部要带头学习和应用网络技术,把网络当成与党员和群众互动的平台,了解党员和群众的思想动态的捷径,从而对广大党员和群众的诉求进行直接的回复,当面化解与党员和群众之间的矛盾。其次,我们党面临着从管理规范到服务优化的转变。政党来自于民,自然要服务于民。党员干部是人民的代表,是人民利益的维护者。传统的党建,领导干部只能听取汇报来了解党员和群众的动向,而这种汇报只是表面的,甚至于有的地方党政机构报喜不报忧,使得党员干部错误地估计了当地群众的情况,导致民意不能得到很好的化解。通过党建网站的平台,党员干部可以融入人民群众的生活中,了解民情,准确地作出符合当地民意的决策,这样不仅解决了问题,还提升了政党的执政能力,增强了政党的公信度。最后,党员干部是人民的代表,在党建工作中要起到先锋带头的作用,以个人带动集体,以个人优秀带动集体优秀,党建网站通过宣传优秀代表的事例,从而带动全民学习,从根本上让广大党员认识到构建"互联网+党建"的重要性,加强"互联网+党建"发展,打造网络政党新形象。

二、从中央到地方构建"互联网+党建"新机制

现阶段我国"互联网+党建"从中央到地方呈现出构建机制不合理的状况。从整体上来说,当前党建网站的构建机制没有一个宏观的规划,目标原则不明确,实施手段不统一,从而党建网站的建设都是按照地域、部门自行发展建设,使得从中央到地方没有形成一个统一有效的广域网络党建平台机制,导致资源配置不合理、党建资源利用率低、资金投入回报小等问题。因此,应从顶层设计出发,拿出一套切实可行的方案,加强各省之间党建网站的联系,统一规划、管理,整合出一个或两个隶属中央的大型党建网站作为党建网站的标示,进而形成统领全国最具权威性的党建网站。在此基础上,扶持基层党建网站建设,加大资金投入,与上级党建网站建立资源共享的链接,把当地的政治人文表现在网站中,创建特色党建网站。总的来说,党建网站机制的构建就像一张"网",党中央网站的建立处于"网"的中央,依次到省、市、县、乡紧密地结合在一起,形成一个自上而下、垂直扁平相结合的互补互助"互联网+党建"机制。

三、优化人才结构,提高"互联网+党建"水平

人才是立国之本,优化人才结构,是提高"互联网+党建"水

平的重要举措。"互联网+党建"是近年来适应弘扬政党文化、加强政党执政而产生的新型党建工作机制,面对新情况、新问题的不断涌现,需要我们从思想政治素养、现代的科学文化知识、熟练的计算机操作技能和网络维护角度出发选拔一批"懂专业"、"懂党务"的高水准人才队伍,从而能够合理地把握党建网站建设的内容关、技术关,不被各种腐朽的文化和思想侵蚀,承担起网络舆论监督和引导政党建设的职责,确保党建网站规范、健康地运行。真正优化人才结构,培养"互联网+党建"人才,需要做到以下几个方面:首先,要对马克思主义理论进行学习,提高理论水平,具备高度的政治使命感、责任心,具备党建工作的基层经验;其次,要不断学习新的网络技术,追寻其发展规律,从中突破创新,用先进的网络技术传播最先进的政党文化;最后,要坚定不移地坚持党的工作原则,以开拓创新、积极进取的精神开展党建工作,使之大胆地推陈出新,不怕失败、挫折,为建立特色社会主义"互联网+党建"献出自己的一分力量。可以说"懂专业"、"懂党务"是"互联网+党建"人才的基本素质要求。人才的强盛也需要我们党长时间的去培养酝酿。因此,党组织应建立起专业技术能力强、党建理论基础扎实的培训队伍,严格把关,层层筛选,培养出优秀的"互联网+党建"人才。

四、均衡发展"互联网+党建",全面提高"互联网+党建"覆盖面

根据统计,我国省级党建网站的拥有率为61.29%。省级网站的建立,充分表明了省级党委组织部门的上网率已得到普遍提高,也充分反映了这些省份党委对加强党建工作的高度重视,体现出中国共产党与时俱进,努力开创党建工作新局面的决心与实力。其中由于经济水平的差异,我国的东、中、西部发展的不平衡,党建网站的拥有率也呈递减的态势,分别为72.72%、62.5%、50%①。这一数据表明,均衡发展网络党建并全面提高"互联网+党建"覆盖面需要丰富党建网站的内容和形式。丰富党建网站的内容和形式,可以有效地吸引广大党员和群众的关注,使党建网站的覆盖面更广。应借鉴西方发达国家对网络党建的实际应用,以科学的手段提高"互联网+党建"的覆盖面。如西方发达国家政党,他们在争取各个阶层、不同年龄段群体选票时,会采取不同的方式方法。如对待年轻人,会开设类似于门户型的网站,创建各式各样娱乐性政党政治板块,用轻松幽默的方式,把政党所宣传的方针政策传递给每一个登录的选民。而在国内,我们党也借鉴各种国内门户网站吸引网民眼球的方法来提高网络的覆盖面。一是以建设特色型网站的形式开设门户类网站,添加时事新闻、娱乐导航、互动交流等板块;二是及时更新党建网站信息把热点话题放在网站首页,聘请国内知名专家以在线作答的形式,对热点话题进行探讨分析,给出高质量的评论和具有参考价值回复;三是党建网站举办各式各样的网络互动活动。参评网站应有鲜明的党建特色,宣传党的路线、方针、政策,宣传党建工作,宣传各级党组织和先进人物事迹,及时报道动态新闻,表现出党在建设方面做出积极的努力和改变。这不仅会加强对政党文化的了解,也会陶冶情操,让网络政党建设更具公信力。

均衡发展网络党建,还应从网络党建功能上着力。"由于网络沟通具有直接性、及时性、互动性等特征,所以西方政党建立的网上党组织,减少了在内部沟通方面的许多中间环节,使党的

---

① 郑爱军.党建网站的现状与发展特征分析[EB/OL]. http://www.Echinagov.com/gov/zxzx/2010/1/11/93278.shtml,2016-01-17.

领导干部和普通党员之间的联系更加便捷,也促使西方政党在组织结构上发生了重大的变化,从原来'垂直'型的政党组织结构逐渐向'扁平化'的组织结构方向发展。"①西方政党都拥有自己的党建网站,以网络的形式加强政党的执政能力。如德国社会民主党"红色电脑"和"红色手机"计划。他们的内容就是:把党的所有信息全部纳入其中,通过网络先进技术以手机短信的方式宣传政党。英国工党的策略就是"如果他们是上网浏览者,就把他们变成党的支持者;如果他们是党员,就把他们变成党员中的积极分子"。在国外生活的公民,不仅可以通过互联网的形式了解本国政党的动态,还可以了解国外政党的发展。西方发达国家先进的网络科学技术,为党建网站的发展提供了强有力的后盾。科技的发展对信息的传递、政党的发展,甚至于国家的强盛都起到了关键的作用。我国的"互联网+党建"发展有东部快、西部慢的特征,我们应借鉴西方发达国家的经验技术,均衡网络党建的发展,对西部地区,加大资金投入,建立与中央统一规划的党建网站系统,从而带动西部地区的"互联网+党建"进程。

五、依法规范"互联网+党建",初步完善"互联网+党建"运行机制

党的信息公开立法迄今为止还没有一部统一的法律形成,导致了党务信息公开制度发展的不均衡,从而使"互联网+党建"的发展受到直接的影响。与此同时,由于网上互动的合法性,法律还没有在互联网这一领域做到很好的规范,从而限制了一些网上政务活动的有效开展,致使人们在参与网络政务活动

---

① 顾玉豹.西方政党"党建"争先恐后用网络[J].观察与思考,2009(24):50-51.

的同时顾虑增多，积极性递减。网络属于虚拟性社会，与现实社会的发展有着一定的差异，所以"互联网＋党建"在发展的过程中也不可避免地受到现实社会习俗的羁绊。因此，在"互联网＋党建"的具体工作中，我们应当围绕网络维护、实际操作、监督、安全等一系列运行程序，建立相应的规范制度，做到正确操作、定期维护、认真防止，以保障网站运行的安全。

第四章 "互联网＋农业"精准扶贫模式与路径

精准扶贫是针对不同贫困区域环境、不同贫困农户状况运用科学有效的程序对扶贫对象实施精确识别、精确帮扶、精确管理的治贫方式。中国要强,农业必须强,必须建立现代化、信息化农业,实现农业规模化、标准化和品牌化生产。农业大发展需要创新发展模式,需要发展精确农业、生态农业和智慧化农业。"互联网＋"作为一种新的生产方式,旨在促进传统产业在线化、数据化并以此带动产业发展方式转变。"互联网＋"已经渗透进入并正在重塑农业产业链的各个环节,促进农村三次产业融合发展,倒逼农业结构调整及转型升级,形成"互联网＋农业"。"互联网＋农业"是通过互联网技术的应用,从生产、经营、销售等各个环节,彻底升级传统的农业产业链,改变农业产业的结构,提高资源利用效率,发展成为克服传统农业种种弊端的新型"互联网农业"。要充分发挥"互联网＋农业"的平台服务与增值服务互补的服务化优势,将"互联网＋农业"与市场经济结合,加大培训广度与深度,拓宽农民增收渠道,增加农民收入,助推精准扶贫。

第一节 "互联网＋农业"概述

一、"互联网＋农业"概述

"互联网＋农业"是以互联网为载体的农业产业链进入类似

工业制造4.0的新型现代农业。基于"互联网＋农业"的信息透明基础,改善了传统农业产业链和信息不对称的状况,改变了传统农业交易环节长、交易成本高的不利,从而为农业带来了巨大的价值增值空间。通过互联网的方式,既可实现分散农户的互助经营、集约化经营及农业最佳实践的快速传播分享,也可实现分散农户与个性化消费之间的对接,通过互联网电商可以大大减少交易成本。

"互联网＋"带来的新业态,实质是以信息生产力做引擎,带动产业发展模式进行转变。当前,信息已成为与能源、材料并列的三大资源之一,成为支撑经济和社会各项事业发展的重要支柱。农业信息是一种非物质形态的社会财富,正逐渐渗透到农业生产的全过程和各个领域,并成为改造传统农业、发展农村经济的重要手段。在未来的信息社会和新技术革命中,信息和信息技术的地位与作用将更加突出,并成为不可或缺的战略资源和重要手段。发达国家在农业信息技术方面的研究和应用发展较快,为我国农业信息化的建设和发展提供了宝贵的经验。目前,无论是发达国家还是发展中国家,都竞相抢抓信息化建设新机遇,以实现本国在新时代的新发展。

"互联网＋农业"是现代信息技术与农业发展全面融合的过程,其本质是"信息化＋农业"。基于"互联网＋农业"的本质特征,农业与互联网结合,可以降低信息不对称的影响,减少交易成本,将"三农"最真实信息展现在广大的消费者面前,农民不仅可以实现农产品服务的互联网展示与销售,而且可以通过互联网采购农资产品,提高生产效率。伴随信息技术的迅猛发展,信息已成为与资本、土地和劳动力同等重要甚至更为重要的生产要素,进而形成信息生产力。"互联网＋农业"是信息生产力直接作用于农业产业链全过程的产物,通过对传统农业生产与流通的优化重构不断释放出信息经济下农业产业转型升级的巨大能量。

用信息化武装我国传统农业并使之产业化是提高我国农业效率的重要途径,是实现我国农业跨越式发展的保障。我国作为一个农业大国,农业信息化起步较晚,整体水平与发达国家存在较大差距。这就迫切需要抓住这次信息化的历史性机遇,以信息化为引领和平台,不失时机地推动农业的信息化和高新技术化,真正做到将"三农"工作落到实处并推向深入。

二、前期研究综述

为了帮助我国贫困人口地区早日摆脱贫困走上富裕之路,实现全面建成小康社会的目标,许多专家学者对精准扶贫进行了大量的研究,并提出了切实可行的解决办法。黄承伟和覃志敏通过分析,认为扶贫中存在帮扶资源供给与扶贫需求未能最优匹配、帮扶资源动员非制度化、社会组织等其他社会力量参与精准帮扶的制度供给不足等突出问题,提出了扶贫应通过不断完善精准扶贫工作制度加以解决[1]。刘解龙认为在新常态中应从市场机制、主体协商机制、资源整合机制、可持续发展支撑机制等方面进行创新扶贫[2]。

汪向东和王昕天(2015)[3]认为,在"互联网+"时代以信息扶贫为代表的电子商务在扶贫开发中具有积极作用,应该将"互

---

[1] 黄承伟,覃志敏.我国农村贫困治理体系演进与精准扶贫[J].开发与研究,2015(2):56-59.
[2] 刘解龙.经济新常态中的精准扶贫理论与机制创新[J].湖南社会科学,2015(4):156-159.
[3] 汪向东,王昕天.电子商务与信息扶贫:互联网时代扶贫工作的新特点[J].西北农林科技大学学报,2015,15(4):98-104.

联网＋农业"扶贫纳入国家扶贫体系中。"互联网＋农业"扶贫本质上是使农业信息化、现代化。管媛辉(2006)[①]、赵继海等(2002)[②]均对农业信息化进行了较深入研究,并认为农业信息化是一个动态的过程,而不是对一种现状的描述。钟卫华和谢志忠(2007)[③]认为,农业信息化是互联网信息技术在农业中的应用,并对整个经济、社会的发展起到重要的促进作用。梅方权(2001)[④]对农业信息化与农业现代化的关系进行了较深入的研究。他认为,农业信息化与农业现代化具有高度相关性;农业生产经营管理、农业市场资源流通与农业资源的利用等诸多方面均离不开信息化,农业信息化与农业现代化相结合使农业发展的"倍增"效应突出。

第二节 "互联网＋农业"与精准扶贫的关系

结合近几年来"互联网＋农业"在我国的发展状况及未来发展趋势,可以发现"互联网＋"已经渗透进入并正在重塑农业产业链的各个环节,极大促进了农村三次产业的融合发展,实现农业规模化、标准化和品牌化生产,倒逼农业结构调整及转型升级以适应经济新常态,适应供应侧结构性改革,为精准农业、智慧农业的发展打下基础。"互联网＋"通过融通整个产业链的物

[①] 管媛辉.基于农业信息系统教学研究[J].农业与技术,2006(4):22-24.
[②] 赵继海,张松柏,沈瑛.农业信息化理论与实践[M].北京:中国农业科学技术出版社,2002.
[③] 钟卫华,谢志忠.我国农业信息化研究综述[J].安徽农学通报,2007(13):15-16.
[④] 梅方权.农业信息化带动农业现代化的战略分析[J].中国农村经济,2001(12):22-26.

质、资金和信息流,带动整个产业链向共生、互利、共赢迈进,从而实现农业经济发展方式的深层次转变,拓宽扶贫渠道,增加农民收入,改善农村经济生活状况,助推精准扶贫。具体表现在以下方面。

从产业链上游看,"互联网+"切入农资市场,在农资生产、营销、流通、服务等各方面影响农资供应,进而引发农户与农资生产商之间的关系变革。面对我国 270 万个自然村落的 1.76 亿农户的分散状态,"云农场"采取"村站"战略,努力实现"接地气",各地"村站"努力成为全村人集体利益维护者及"购物领袖"。面对农资终端的不断下沉,各大农资龙头企业正通过技术服务、商务服务和平台服务的一体化,努力实现农资生产商与农户之间的"去中介化"。"互联网+"在其中发挥日益重要的作用。

从产业链中游看,"互联网+"切入农业生产领域,大大推动了智慧农业进程,进而在更高的技术层面来解决农业生产技术、农产品质量安全、农业规模化以及产品价值实现等问题。伴随互联网的信息集成、大数据分析、远程控制等技术在农业生产中的广泛应用与推广,3G、物联网、云计算等新技术的运用也日益增多。集信息感知、智能决策、自动控制和精准管理于一体的智能农业系统不断完善①。"互联网+"在农业生产中的运用不仅节约了人力成本、提高了品质控制能力,而且使农业生产要素配置更加合理、农业生产经营管理更加科学②。

从产业链下游看,"互联网+"将从"空间、时间、成本、安全、

---

① 中国农业信息网."互联网+农业"的十大方向[EB/OL]. http://www.agri.cn/V20/SC/jjps/201506/t20150616_4707038.htm. 2015-06-16.
② 魏延安. 互联网农业的三大模式[EB/OL]. http://www.aliresearch.com/blog/article/detail/id/18973.html. 2014-04-08.

个性化"等角度深刻改变农产品消费市场,增强农产品消费者的客户体验,实现放心消费和个性化消费。从时间、空间及成本角度看,"互联网＋"通过IT技术突破了时空限制,随时随地传递信息,解决了信息不对称问题,促进农产品供求市场有效对接。从食品安全角度看,"互联网＋"通过创造透明的供应链,构建食品安全可追溯系统,创造了农业新价值。从个性化消费角度看,"互联网＋"不断推出适应个性化需求的消费模式。

从全产业链角度看,农业互联网金融应运而生并贯穿于农资购销、农业生产、农产品销售的全过程,有助于构建新的农村金融保障体系。2015年3月发布的《中国农村金融服务报告(2014)》指出,要积极发挥互联网金融作用,推动农村普惠金融大发展[①]。

要深度运用互联网技术发展智慧农业。当前,我国农业生产更多地依赖人力投入,谁来种田、如何种田的问题日益突出,解决这一问题需要借助科技的力量,朝着智慧农业的方向发展。智慧农业体现了当代科学信息技术在农业上的综合应用,已经成为打破传统农业弊端的一种新型农业生产模式,包括农业生产智能化、经营网络化、管理数字化和服务精准化等方面。随着移动互联网的普及以及智能设备价格的大幅下降,特别是智能设备在农业上的应用,使传统的农业也插上了智慧的翅膀,进入了以科技、信息等新技术为主要特点的智慧农业发展阶段。利用云计算、数据挖掘等技术对农业信息数据进行多层次分析,并将分析指令与各种控制设备进行联动以完成农业生产、管理,不仅可以解决农业劳动力日益紧缺的问题,而且可以实现农业生

---

① 代成斌,黄玉珊.互联网＋农业:以信息化促进农业现代化[J].世界电信,2015(5):63-69.

产的智能化、精准化、数字化、可控化。"互联网+"可以渗透到耕地、播种、施肥、杀虫、收割、存储、育种、销售等各环节,集成智能农业技术体系与农村信息服务体系,实现农业生产全过程的信息感知、智能决策、自动控制和精准管理,助力智慧农业的进程。比如,通过各种无线传感器,互联网技术可以对农业生产现场的光照、温度等信息进行自动记录,并将整合后的信息反馈到互联网核心系统,该核心系统就会根据农作物的生长情况,开启或者关闭农业生产设备。

第三节 "互联网+农业"精准扶贫方面的存在问题

"互联网+农业"是解决"三农"问题的新方法,同时也是社会主义现代化建设中农业产业结构的优化升级。但是,"互联网+农业"毕竟是一种新兴的现代农业经济模式,在将互联网技术与农业生产、加工、销售等产业链环节结合,实现农业经济发展现代化、智能化、信息化的过程中也存在着很多现实问题。只有对"互联网+农业"发展中面临的问题有清楚的认识,正确地应对,对"互联网+农业"的发展方向有一个明确的把握,才能保证"互联网+农业"持续、高效、稳定的发展。"互联网+农业"发展中面临的主要问题有以下几点。

一、缺乏顶层设计,规划不完善

"互联网+农业"是深度利用互联网技术实现对我国传统农业的彻底改造和优化升级,是推动农业现代化、智能化、信息化和保证我国粮食安全的重要手段。但是由于它是一个新兴的产物,缺乏良好的顶层设计,规划不尽完善,并且其中蕴含着大量的机遇,容易引发轰动效应,很多行业为了分得这块巨大的"利润蛋糕"往往会一哄而上,各自为政,极易形成片面性、局部性的发展态势,不利于"互联网＋农业"的稳健、高效发展,使其对社会经济发展的贡献也会大大降低。

因此,当前"互联网＋农业"发展的首要任务是进行完善的顶层设计和制定符合农村实际情况的发展战略规划,从战略高度推动其发展,形成统一规划、协调发展、整体推进的格局,将"互联网＋农业"打造成切实推动农村经济持续、高效、稳定发展的新的生产力。

二、农村互联网基础设施薄弱

"互联网＋农业"是农业产业的一次重大技术创新革命,需要经过互联网基础设施在农业、农村领域建设和广泛普及的过程,提供"硬件"上的支持。根据最新统计数据表明,农村人口是我国非网民的主要组成部分,我国非网民规模为6.42亿,其中农村非网民占比为60.1%,受没有电脑、当地无法连接互联网等上网设施限制而无法上网的非网民占比为12.8%。在很多农村地区农民因为信息不畅通,很难在第一时间得到各类市场信息,很多农产品因没有销路直接烂在农田里,造成资源浪费也给农民带来严重的经济损失。另一方面,许多的涉农电商平台,比如"农业技术服务平台"、"农产品电子商务"、"农产品安全追溯平台"以及"一村一网"等先进的农业应用系统因为互联网基础设施的匮乏很难在农村大规模地推广和应用。因此,"互联网＋农业"发展的另一任务是加快农村互联网基础设施建设。这是推动"互联网＋农业"发展的基石,是必须解决的问题。

三、农村劳动力素质较低,缺乏专业技术人才

互联网对于绝大多数农民来说依然非常陌生,他们也很少会从互联网上关注农业信息,甚至有些农民对一些重要的农业信息视而不见,他们只专注于传统的农业生产方式,从而造成互联网信息资源的浪费;当然,也有些农民对互联网只了解一二,但是他们对于一些突如其来的庞杂的农业信息,不加以分析、核实便全盘接受和运用,最后适得其反,进而产生对互联网信息的疑虑,不再轻易相信网上的信息。同时,广大的农村地区缺乏专业的信息技术人才,在"互联网+农业"的技术领域难以及时得到技术支持,给"互联网+农业"的快速发展带来巨大的障碍。因此,加强"互联网+农业"技术人才的培养就显得尤为关键。人才是制约经济发展的重要因素,是"软件",农村互联网技术人才的匮乏是发展"互联网+农业"亟须解决的突出问题。

第四节 "互联网+农业"助推精准扶贫的重点任务

我国政府关于农村最低生活保障制度与扶贫开发政策"两项制度衔接"出台,使精准扶贫已经机制化。国家主席习近平于2013年在湖南土家族苗族自治州扶贫攻坚调研时强调:"扶贫要实事求是,因地制宜;要分类指导,把工作做细,精准扶贫。"李克强总理在2014年提出应该创新扶贫模式,实施精准扶贫。① 这表明我国扶贫模式将从以前的粗放式扶贫转变为精准化扶

---

① 转引自陈广华,芮志文,刘撰.物业管理疑难法律问题研究[M].北京:中国政法大学出版社,2012.

贫,要在"精"和"准"上下功夫。

"互联网+农业"是2015年政府工作报告中提出的"互联网+"行动计划中的重点领域。同年7月4日发布的《国务院关于积极推进"互联网+"行动的指导意见》标志着"互联网+"从概念正式上升为国家行动。在此背景下,"互联网+现代农业"作为一种产业模式创新,将在更深层次上推动农业经济发展方式转变。正确认知"互联网+"及"互联网+现代农业",探讨分析"互联网+"嵌入并作用于农业产业链的内在机理,研究提出如何发挥"互联网+"的引擎作用以促进农业发展方式转变为现实需求。

2016年中央一号文件指出:"大力推进'互联网+'现代农业,应用物联网、云计算、大数据、移动互联等现代信息技术,推动农业全产业链改造升级。"从历年中央文件可以看出"三农"问题一直是政府工作的核心问题,如何解决、怎样解决一直是政府亟须突破的难题。"互联网+"代表着现代农业发展的新方向、新趋势,也为转变农业发展方式提供了新思路、新方法。"互联网+现代农业"是一种生产方式、产业模式与经营手段的创新,通过便利化、实时化、物联化、智能化等手段,对农业的生产、经营、管理、服务等农业产业链环节产生深远影响,为农业现代化发展提供了新动力。

互联网农业,时下很热,国内相关学者进行了大量的研究,报道出的模式也较复杂,甚至概念高深,但综合起来,主要可归纳为三种模式:一是互联网技术深刻运用的智慧农业模式,二是互联网营销综合运用的电商模式,三是形成互联网与农业深度融合的产业链模式,而且这三种模式呈现梯次推进的状态。①

---

① 魏延安.互联网农业的三大模式[J].高端农业装备,2014(2):54-55.

要以"互联网＋农业"为驱动,通过提高农业质量效益和整体竞争力,实现农业现代化、信息化,拓宽农民增收渠道,扩大农民收入,助推精准扶贫。

一、发展精细农业

当前,我国农业生产方式较为粗放,市场定位不合理,不利于融入流通市场,这就倒逼向精细农业转型。精细农业包含精细种植、精细养殖和精细加工等方面,相对于传统农业的一个最大特点就是借助科技手段进行精耕细作,获取资源的最大节约和农业产出的最佳效益。其最重要的价值和意义就在于能够为农业生产提供精确、动态、科学的全方位信息服务,实现农业的科学化与标准化,从而提高农业生产效率和农产品质量。将现代信息技术、生物技术和工程装备技术应用于农业生产的"精细农业",已成为发达国家面向21世纪的现代知识农业的重要生产方式。互联网、物联网、大数据等指导农民运用现代信息技术、管理方式进行农业生产,借助天气、土壤、水资源、市场环境、市场需求等数据信息,在育种、栽培、施肥、灌溉等多个环节按照严格的标准进行,既实现了传统农业的精耕细作,也促成了农业生产的标准化,有助于提高土地生产率、劳动生产率、资源利用率、投入产出率。比如,基于传感器形成系统的生态体系,将农田、畜牧养殖场、水产养殖基地等生产单位连接在一起,可对其间不同主体、用途的物质交换和能量循环关系进行系统、精密计算,实现生产管理环节的精准灌溉、施肥、施药等。

二、发展高效农业

当前,我国农业发展质量效益不高的问题日益突出,比较效益持续下降,这就倒逼向高效农业转变。农业生产抵御风险能力较弱、新型农业组织发展不平衡、土地流转不规范和农民持续增收难度加大等农业发展中的难题，都可以通过"互联网＋"得到相应的解决或缓解。互联网与农业的跨界融合，可以推动农产品生产、流通、加工、储运、销售、服务等环节的互联网化，实现农业与第二、三产业交叉渗透、融合发展，打造城乡三次产业融合的"六次产业"新业态；可以加速推动农业产业链延伸、农业多功能开发、农业门类范围拓展，实现对整个农业产业链的再造；可以使农业生产要素的配置更加合理、农业从业者的服务更有针对性、农业生产经营的管理更加科学。借助互联网，可以将更多现代生产要素、经营方式、发展理念引入农业，引导和支持种养大户、家庭农场、农民合作社、农业企业等新型农业经营主体发展壮大，发展农业适度规模经营，从而提高农业比较效益；可以打破长期以来农村信息闭塞、城乡信息不对称的局面，打破城乡资源配置单向流动的困局，有效避免因市场供需失衡带来经济损失。比如，农业大数据让农民便捷灵活地掌握天气变化数据、市场供需数据、农作物生长数据等等，准确判断农作物是否该施肥、浇水或打药，避免了因自然因素造成的产量下降，提高了农业生产对自然环境风险的应对能力，使农民不再"靠天吃饭"。

三、发展绿色农业

当前，我国农业资源环境问题日益突出，长期过量施用化肥所形成的土壤污染及与之相伴随的农产品质量安全，不仅使农业生态环境亮起了"红灯"，而且不利于农产品的网上推广。实现农业绿色发展和资源永续利用，是必须破解的现实难题，这就倒逼向绿色农业转变。绿色是党的十八届五中全会提出的五大发展理念之一，也是现代农业发展的方向所在。"互联网＋现代农业"可以形成集保护生态、发展生产于一体的农业生产模式，促进农业的可持续发展。运用互联网思维和系统改造传统农业生产，可以对农业进行专业化、科学化管理，实现要素资源优化配置、投入产出精准管理、生产高效节能减排、产品绿色安全优质。比如，借助互联网技术，大力推广测土配方施肥、农药精准科学施用、农业节水灌溉，推动农业废弃物资源化利用，不仅能合理利用农业资源、减少污染、改善生态环境，而且对促进农业资源保护和可持续利用、发展绿色农业具有巨大的推动作用。借助互联网，还可以建立全程可追溯、互联共享的农产品质量和食品安全信息平台，健全从农田到餐桌的农产品质量安全过程监管体系，保障人民群众"舌尖上的绿色与安全"。

第五节 "互联网＋农业"助推精准扶贫的对策建议

"互联网＋农业"是通过互联网技术的应用与农业产业链深度的融合，从生产、加工、销售等环节，对传统的农业产业链进行彻底的优化升级，提高资源的利用率，改变农业产业结构，推动传统农业改革，加快向现代化、信息化农业方向转变的新型农业产业方式。因此，构建"互联网＋农业"要从当前"互联网＋农业"所面临的主要矛盾出发，有计划、分阶段地做好以下几个方面工作。

一、顶层设计，制定发展"互联网＋农业"的战略规划

目前的"互联网＋农业"发展存在着盲目性，缺乏顶层设计和宏观长远的规划，只有先解决好这个主要矛盾，才能从宏观上把握住"互联网＋农业"的大方向，使"互联网＋农业"有一个长

期稳定的政策支持。2015年中央颁布的一号文件将"互联网＋农业"确定为国家发展战略,"互联网＋农业"的发展实现了信息服务入村、信息共享,部分农村还建设了农产品电商交易平台、农业技术服务平台,有关"三农"的红利政策越来越多。因此,要从国家的层面,搞好"互联网＋农业"发展顶层设计,研究制定"互联网＋农业"健康发展的指导意见和发展规划,各级政府要执行贯彻好国家制定的方针、政策,切实做到上令下达,引导农民按照国家确定的大方向,结合实际情况实施"互联网＋农业"这一新的农业生产模式。

二、完善"互联网＋农业"所需农村基础设施建设

农村互联网基础设施建设是推动整个"互联网＋农业"发展的基础,同时也是首当其冲要解决的问题。目前,我国广大农村地区的互联网普及率较低,针对这种情况,国家、地方政府应该设立专项资金,统筹管理,在产业对接示范区,大力推进"宽带入村"工程,加快研发和推广适合农民经济条件的低成本智能终端,提高综合网络信息服务水平和农村互联网的普及率。

另一方面,应加强各类涉农信息资源的开发,加快推进农村信息化综合业务服务平台、电子商务平台建设,扩大现有电商企业开展的农产品销售业务。建立健全现代农业营销体系,大力推进实体经济与电商虚拟经济对接,积极发展农业企业B2C、服务业企业O2O为主的新型营销模式,加快建设"互联网＋农产品营销"相关服务体系和物流配送体系。

三、加强"互联网＋农业"技术人才的培养

人才是制约经济发展的重要因素,有了"硬件"缺乏"软件"同样不行。农村互联网技术人才的匮乏是发展"互联网＋农业"

亟须解决的"软件"问题。调查表明:有些农村地区的信息化基础设施建设工程推进很快,但是农民的电子商务营销、消费意识不强,尤其是农村互联网营销人才普遍缺乏。因此,应加快实施"互联网+"新型职业农民培育行动,培养造就有文化、懂技术、会经营的新型职业农民,为加快现代化、信息化农业建设提供人才支撑。

另一方面,以村、镇为单位鼓励农村青壮年劳动力站到电子商务平台的台前工作,壮大农业产业网络营销从业群体,让他们成为拥有互联网思维、掌握信息技术、懂得市场的主体,打造多层次、有竞争力的农村电商大军。

第五章 "互联网＋旅游"精准扶贫模式与路径

精准扶贫是指通过对贫困户和贫困村精准识别、精准帮扶、精准管理和精准考核，引导各类扶贫资源优化配置，实现扶贫到村到户，逐步构建扶贫工作长效机制，为科学扶贫奠定坚实基础。党的十八届五中全会强调"实施'互联网＋'行动计划，发展共享经济，促进互联网和经济社会融合发展"。由此，通过"互联网＋"的形式，发展贫困地区的优势产业，最终实现精准扶贫的目的，已经成为一种全新的扶贫方式。贫困地区往往地处自然生态最关键、最敏感、最脆弱的地区，且大多属于规划限制开发区和禁止开发区，这在很大程度上制约了这些地区的发展。要想让这些地区在保护生态的前提下，将资源优势转化为发展优势，发展生态旅游是最优方式之一。开展生态旅游扶贫，依托贫困地区的区位和生态资源优势，把发展生态旅游作为带动农民脱贫致富、建设美丽乡村的重要突破点，打造贫困地区新的经济增长点，拓展贫困群众新的增收渠道，提升贫困群众的综合素质，是新时期扶贫工作的新途径，也是推动生态文明建设的重要抓手。

第一节 "互联网＋旅游"概述

一、认识旅游扶贫

旅游扶贫是指旅游资源比较丰富的贫困地区或欠发达地

区,通过对旅游资源保护性的开发利用,发展旅游产业,并以旅游产业的发展带动和促进相关产业的发展,从而增强自我发展的能力,走出一条脱贫致富的路子①。旅游扶贫的核心是以旅游资源为基础,以脱贫致富为目标,以贫困农民参与为手段,促进地区的全面发展及贫困人口的脱贫致富。其中,旅游业发展是扶贫的基础,"扶"是手段,"贫"是"扶"的对象。旅游扶贫区别于一般的"输血"式扶贫,是一种典型的"造血"式开发扶贫。

我国现有的1300多个5A和4A级旅游风景名胜区,60%以上分布在中西部地区,70%以上的景区周边集中分布着大量贫困村,开发乡村和农业观光、休闲、体验、娱乐、运动、度假、养生等旅游项目有得天独厚的条件。中国改革开放30年来,通过旅游发展扶贫达8000多万人,约占贫困人口的1/3,先后涌现出了一大批通过发展旅游实现人民脱贫致富和地区经济社会快速发展的典型。

2014年11月,国家发改委、国家旅游局等七部委下发了《关于实施乡村旅游富民工程、推进旅游扶贫工作的通知》,扶贫要坚持"输血"与"造血"相结合,充分利用资源优势,大力发展特色农业、旅游、文化产业,实现精准化扶贫。做好旅游扶贫,不仅是贫困地区全面建成小康社会的需要,也是连片贫困山区扶贫的需要。"一手抓旅游,一手抓扶贫",大力实施旅游带动战略,制定"旅游反哺农业、景区带动农村"的扶贫措施,依托旅游产业发展辐射带动贫困乡村群众脱贫致富,实施精准旅游扶贫,设立全域旅游迫在眉睫。

近几年来,旅游扶贫以其强大的市场优势、新兴的产业活

---

① 邓小海,曾亮,罗明义.精准扶贫背景下旅游扶贫精准识别研究[J].生态经济,2015(4):94-98.

力、强劲的造血功能、巨大的带动作用,以其锐不可当之势成为我国扶贫攻坚的生力军。"十二五"期间(不含2015年),全国通过发展旅游带动了10%以上贫困人口脱贫,旅游脱贫人数达1000万以上。要实现2020年全面建成小康社会的目标,"最艰巨最繁重的任务在农村、特别是在贫困地区"。加快补上贫困地区和人口"短板",旅游扶贫被寄予厚望。

二、"互联网+旅游"研究综述

(一)"互联网+旅游"的定义

关于"互联网+生态旅游"的旅游电子商务的模式,国内学者对其概念众说纷纭,比较具有代表性的有:杜鑫坤(2005)[1]认为旅游电子商务是基于网络和信息数据库等手段,在旅游业务流程和系统中开展的相关经营活动,这种借助于网络化的旅游发展新模式形成了旅游行业的新业态。杨宏伟(2006)[2]认为,旅游电子商务有两个特征,第一个是网络化,也就是通过在线销售的方式与消费者进行交易,并根据消费者对旅游产品的选择提供有针对性的服务;第二个是旅游市场的整体网络化,也就是将网络技术普遍运用在旅游业务中,形成旅游业发展的崭新商业模式。

基于已有研究成果,本研究认为"互联网+生态旅游"是指通过先进的网络信息技术手段实现生态旅游商务活动各环节的电子化,包括通过网络发布、交流旅游基本信息和生态旅游商务信息,以电子手段进行旅游宣传促销,开展旅游售前、售后服务,也包括旅游企业内部流程的电子化及管理系统的应用等,是现

---

[1] 杜鑫坤.中国旅游电子商务发展研究[J].中国西部科技,2005(21):17.
[2] 杨宏伟.旅游电子商务发展对策[J].合作经济与科技,2006(6):9-10.

代信息技术、商务、生态旅游三个子集的交集。

(二)"互联网＋旅游"的发展状况

郭佳祺(2015)①的研究对我国旅游电子商务的状况进行了总结,他们认为我国旅游电商的发展比国外起步晚,但是目前的发展态势较快,具备了广阔的市场前景。自1996年国内第一家旅游电商——华夏旅游网开办以来,旅游网站的发展进入了爆发期。30年来,信息技术与知识经济的不断发展,推动着我国旅游电子商务向智能化发展,旅游新业态不断涌现,利用云计算、物联网等新技术,促进了居民自主感知旅游和个性化定制旅游的活动。在旅游市场持续扩容与信息技术广泛应用的双驱动下,我国旅游电子商务呈现快速发展的态势。

到目前为止,我国现有涉及旅游服务的网站类型大体可以分为六种:①门户网站中专门的旅游频道,如新浪;②专业旅游网站,提供良好的个性服务,如携程网;③旅游信息网站,提供大量丰富的、专业性旅游信息资源,如网上旅游;④旅行社网站,如华天国旅网;⑤景点、地方网站,如云南旅游网;⑥以订房、订票、订团为主的网站,如信天游网站。

(三)"互联网＋旅游"存在的问题

赵晓红(2009)②认为,我国旅游电子商务还存在一些亟待解决的问题,如旅游电子商务企业对网络交易的风险过分估计,因而大多旅游电商采用的是线上预订、线下支付。此外,相关法律制度不健全也是旅游电商行业存在的重要问题,如旅游网站主体的身份问题、消费者隐私权的保护、侵权的救济和网上支付

---

① 郭佳祺.移动互联网时代途牛网的商业模式创新研究[D].苏州大学,2015.
② 赵晓红.旅游电子商务发展现状及问题研究[J].才智,2009(30):203.

的安全问题。庞苑(2010)①认为我国旅游电商行业服务项目单一、消费不足、不注重个性化服务、顾客忠诚度低、缺乏系统的供应链和行业协作等问题较为突出。马妮雅和金丽(2009)②的研究发现,我国旅游电商在发展中存在业务领域过窄的问题,主要业务集中在机票、酒店等预订方面,这些旅游服务传统线下旅行社所提供的服务没有本质的区别,在商业模式上没有形成独特性。程艳红(2007)③的研究发现,我国旅游电商发展过程中,人才问题始终困扰着产业发展进程,在现有旅游电商企业中,具备电子商务和旅游服务复合能力的员工占比过少,从旅游电商长远发展角度看,不利于长期的成长。

第二节 "互联网＋旅游"与精准扶贫的关系

一、RHB 框架简述

旅游扶贫开发的 RHB 战略,是李永文、陈玉英在其撰写的文章中提出的一种旅游扶贫开发战略思路。李永文、陈玉英(2004)④在《旅游扶贫开发的 RHB 战略初探》中根据资源学理论中把自然资源的开发、利用、分配及效应,划分成三个主要的范围,即资源本身、竞分者、竞分规范的原理,结合旅游扶贫开发案例和特点,得出一个结论:最适合贫困地区的旅游扶贫开发战

---

① 庞苑.中国旅游电子商务面临的问题及对策[J].科技致富向导,2010(3):13-14.
② 马妮雅,金丽.我国旅游电子商务问题及对策分析[J].现代商贸工业,2009(23):261-262.
③ 程艳红.我国旅游电子商务发展态势分析[J].江苏商论,2007(7):47-49.
④ 李永文,陈玉英.旅游扶贫开发的 RHB 战略初探[J].经济地理,2004(4):560-563.

略思路是资源（Resource）—人（Humanity）—效益（Benefit），即RHB战略。其中，旅游资源在旅游扶贫开发战略中是必不可少的要素，是对贫困地区进行扶贫开发的基础要素。人是旅游扶贫的核心，旅游扶贫开发要以人为本，只有达到了观念、文化等与经济同时脱贫，才是真正的消除贫困。效益是衡量旅游扶贫开发成败的尺度，它包括旅游开发给贫困地区带来的各方面利益及负面效应，由社会效益、生态效益及经济效益组成。

二、"互联网＋旅游"与电子商务精准扶贫在"资源（R）"方面的关系

贫困地区往往都是山高林深、区位偏远、交通不便，自然景观与人文习俗受人类经济活动影响小，是生态旅游资源蕴藏最丰富的地区。贫困地区虽然有高品位的、丰富的旅游资源，但其社会经济资源却相当匮乏。从旅游开发角度考虑，贫困地区的旅游食宿设施几乎等于零，交通设施也十分简陋，这会给旅游者带来吃、住、行等基本旅游活动的困难。而旅游接待设施的改变提高，需要大量资金的投入，这对贫困地区几乎是不可能的。

"互联网＋生态旅游"在助推精准扶贫中，有推进其资源的开发和利用的作用。

首先，立足于旅游产业发展的互联网化，依托"互联网＋"平台，可以消除"信息鸿沟"，打通供需渠道，整合生产要素，提高配置效率和生产效率，发展具有持续竞争优势的高端乡村旅游产业。

其次，依托互联网，可以打破时空限制，利用金融资本服务扶贫工作，用未来的钱办现在的事。通过线上平台以众筹、众包等形式募集资金，利用线下平台精准放贷，形成线上与线下合作共赢的O2O扶贫模式，从而有效解决贫困地区旅游资金投入问题，最终达到精准扶贫的目标。

最后，缺少旅游资源，贫困地区旅游扶贫便无从谈起，然而一个地区具备了丰富的旅游资源也并不意味着旅游扶贫开发就会成功，还要综合考虑其拥有的社会经济资源及周边地区旅游发展情况以及对旅游资源的科学规划、合理保护利用。而基于"互联网+"的思维，可以有效地整合贫困地区的旅游资源，开展"智慧旅游"事业。让旅游资源立足互联网活起来，让旅游产业通过互联网火起来。

三、"互联网+旅游"与电子商务精准扶贫在"人(H)"方面的关系

旅游扶贫首先要扶贫到人，要以人为核心，脱离了人而只顾经济，是解决不了贫困之根本的[①]。因此，人在旅游扶贫开发中起主导作用，且具有治与被治的双重角色。"互联网+旅游"在助推精准扶贫中，主要是从以下几个方面推动贫困地区的人民进行脱贫致富的。

首先，"互联网+旅游"产业的发展，有助于人们开阔视野、增长知识、健身强体，充分满足现代旅游者回归自然的旅游需求，实现体验教育的旅游目的，更能够明显增加农民在旅游及其相关经济活动中创造财富的机会，让更多的人（尤其是对旅游业贡献未得到正确评估和公平回报的弱势群体）不断分享旅游业发展的成果，使旅游业发展符合多数人的基本权利和基本利益需求。

其次，"互联网+旅游"的电子商务精准扶贫模式，有助于突破贫困乡村旅游业发展的"瓶颈"，即人才奇缺。由于互联网具

---

① 李永文,陈玉英.旅游扶贫开发的 RHB 战略初探[J].经济地理,2004(4):560-563.

有跨区域、多平台,以及拥有丰富的教育资源的优势,乡村内的某些青少年,可以通过互联网自身学习某些有关旅游以及脱贫致富的相关理念与方法,从而,极度缓解贫困地区人才缺乏的窘迫。

最后,"互联网＋旅游"的电子商务精准扶贫模式,有助于促进贫困地区人们的思想观念的转变。真正实现从观念上扶贫的目标。通过网络等信息化渠道,极大地开阔了人们的眼界,使贫困地区的人们能够足不出户,便可以接触到世界上其他地区的最新的思想和理念,从而真正地实现从观念上转变贫困人口的脱贫致富及自身发展思维方式,打破原始落后的发展观,营造脱贫的内在动力。

四、"互联网＋旅游"与电子商务精准扶贫在"效益(B)"方面的关系

旅游扶贫会给贫困地区带来各方面的效应,主要表现为旅游发展对贫困地区的经济和非经济方面的影响和作用,其综合表现为对当地带来经济、社会文化及生态环境方面的影响,当然对于贫困人口来说,经济影响是最重要和最企盼的。旅游扶贫的实质就是将贫困地区旅游业发展所带来的效应向贫困人口扩散,以此来带动贫困人口脱贫致富和发展。

"互联网＋旅游"能够使得贫困地区的旅游业发展取得效益的最大化。发展乡村旅游除了带来游客的直接消费外,还可以促进当地上下游产品的销售,引发乘数效应,有力带动农村经济发展,使农民可支配收入增加,进而推动其他相关产业发展,同时劳动需求也获得增长,最终实现农村地区经济健康快速增长。

第三节 "互联网＋旅游"助推精准扶贫的发展目标

一、"互联网＋旅游"助推精准扶贫的发展目标

生态旅游扶贫的核心是以贫困地区的旅游资源为基础,以贫困人口脱贫致富为目标,以贫困人口的参与为手段,通过旅游开发带动贫困人口持续受益和发展①。其中,旅游业发展是旅游扶贫的基础,"扶"是旅游扶贫的手段,"贫"是旅游扶贫的对象,即旅游扶贫的目标贫困人群。与此同时,借助"互联网＋"的政策和技术的优势,促进生态旅游助推精准扶贫事业的发展。从现实情况来看,冠以"旅游扶贫"名称的项目和发展计划,大都是在经济欠发达地区发展生态旅游。必须强调的是,真正意义上的旅游扶贫,应该明确以"扶贫"为其宗旨,发展旅游业只是手段和途径,而反贫困和消除弱势群体的贫困状态是其核心目标;而以经济效益为前提,以贫困社区的综合发展为内容,以贫困人口的发展为核心的社会积极变迁为其终极目标;所谓"扶",强调了外援性力量的重要性。例如,国际上在倡导 PPT 有利于贫困人口发展的旅游时,就在概念中强调了这种宗旨和目标。

旅游扶贫的成功与否,取决于地区旅游业的整体发展水平,在合理的运作中,收益也会流向贫困人口,但现实显示地区经济增长不等于贫困人口受益,两者之间的矛盾一直是发展问题上的"两难窘境"。若是"途径"成了"目标",那么贫困人口的发展就有被疏离于旅游业发展之外的风险。

---

① 周歆红.关注旅游扶贫的核心问题[J].旅游学刊,2002(1):17-21.

二、"互联网+生态旅游"助推精准扶贫的具体内容

2015年6月,习近平总书记在贵州召开部分省区市党委主要负责同志座谈会上首次提出了精准扶贫的"六个标准",即"对象要精准、项目安排要精准、资金使用要精准、措施到位要精准、因村派人要精准、脱贫成效要精准"[①]。

根据"六个标准"的原则,基于"互联网+生态旅游"的精准扶贫模式,其具体任务如下。

(一)精准识别,解决"扶持谁"

旅游扶贫精准识别就是针对不同贫困区域环境、不同贫困农户人口状况,运用合规有效的程序和方法对旅游扶贫项目、旅游扶贫对象进行精确区分、辨别的过程。旅游扶贫精准识别是实现旅游扶贫精准化的基础,是实现旅游扶贫"真扶贫"、"扶真贫"目标的前提。

"互联网+旅游"模式的电子商务精准扶贫,可以依据"互联网+"的技术优势,利用"互联网+"构建大数据平台,通过大数据进行精准识别。利用大数据去完成"六个精准"工作是精准扶贫的一个有效抓手,要探索创新"瞄准"机制,通过"一进二访三联",结对帮扶等活动进行全面摸查,进一步把扶贫对象、贫困类型、贫困规模等"第一手资料"核实核准,并根据致贫原因逐一分类识别、全面建档立卡,通过电脑录入"扶贫信息系统",建立扶贫信息大数据库,实现扶贫工作全程信息化管理,为提出符合贫困地区实际的综合扶贫开发规划提供科学依据。

---

① 张琦.通过精准扶贫完成扶贫脱贫任务[J].中国党政干部论坛,2015(12):24-27.

(二)精准帮扶,解决"谁来扶"

旅游精准扶贫帮扶就是在对贫困地区旅游扶贫开发条件、旅游扶贫开发项目及旅游扶贫目标人群有效识别的基础上,深入分析旅游扶贫目标对象在旅游扶贫过程中存在的问题,根据贫困地区和贫困人口的特点及其需要,确定旅游扶贫帮扶内容,明确各自帮扶主体,制定旅游扶贫帮扶措施,以改善贫困地区旅游扶贫开发条件,提高贫困人口旅游扶贫参与能力和质量,实现旅游精准扶贫目标。

"互联网+旅游"关于精准帮扶的具体任务,包括以下三个层次[1]:第一层次的帮扶为旅游扶贫条件改善帮扶。该层次的帮扶主要解决地区旅游发展的"瓶颈"问题,以促进地区旅游业健康持续发展,使旅游业成为带动贫困人口脱贫致富的持续动力。第二层次的帮扶为社区建设帮扶。该层次的帮扶能够改善社区的人居环境,增强社区的组织管理和发展能力,增进旅游业与当地产业之间的互动。第三层次的帮扶为贫困人口参与帮扶。该层次的帮扶能提高贫困人口参与旅游扶贫的能力和质量,促进贫困人口顺利参与旅游发展受益。

(三)精准管理,解决"怎么扶"

精准管理是精准扶贫关键,包括贫困户建档立卡信息系统管理、扶贫资金管理、驻村帮扶管理等。"互联网+旅游"模式的精准扶贫可以通过对大数据的技术的利用,进行相应的精准管理。运用大数据技术绘制"六个精准"、"五个一批"扶贫攻坚作战图,做到分类施策、对症下药、靶向治疗。要建立驻村扶贫工作管理平台软件,运用大数据对扶贫对象、扶贫信息进行精细管

---

[1] 邓小海.旅游扶贫精准帮扶探析[J].新疆大学学报(哲学·人文社会科学版),2015(6):21-27.

理,并通过驻村干部的实时监测,及时更新脱贫动态,做到动态管理、进出有序。

(四)精准考核,实现"真扶贫、扶真贫"

精准考核是落实扶贫的有效途径,通过建立精准扶贫的考核制度和机制,对精准扶贫的过程、进展、效果进行全面考核,是精准扶贫的保障。

基于"互联网＋旅游"模式的精准扶贫,其对项目绩效评估指标的构建具体流程如下:

一是绩效评估目标分解。扶贫项目绩效评估指标构建的基本途径是分解目标,即通过分解绩效评估目标来形成指标体系。

二是确定评估指标内容和初选指标。在分解扶贫项目绩效评估目标后,按照既定的指标构建原则和构建思路,初步确定监测评估指标的主要内容或分类。然后根据内容来进行资料搜索和针对性研究,找出扶贫项目绩效评估指标的要素,从而选出适用的指标。

三是评估指标的筛选。扶贫项目绩效评估的指标构建原则中较为重要的一条是,指标要避免烦琐,但又要照顾到全明性和特殊性。

四是确定评估指标的权重。扶贫项目绩效评估工作也具有自身较强的目的性和特殊性,指标不可能权重每个都一样,否则无法得出科学合理且能够反映实际问题的评估结果。

第四节 "互联网＋旅游"助推精准扶贫的模式探究

一、"互联网＋旅游"助推精准扶贫的主要模式

模式(又称范式或范例),是指从思维方式、价值观念到行为

方式、信念意志等方面内在的趋于一致的机制或方式,是事物的程式化,也是对同类事物共同效应的一种抽象。所谓旅游扶贫模式,简而言之,就是在进行旅游扶贫工作、开发旅游资源活动过程中所普遍遵守、运用的一套系统的、标准化的运作机制①。

目前,"互联网＋旅游"助推精准扶贫的模式主要有以下五种。

(一)立体化旅游扶贫模式

立体化旅游扶贫模式是由广东首先采用的一种模式,其内涵是强调从社会系统整体出发,多层面参与主体(省、市、县各级政府,企业,社区)与多元化协作部门(林业、文化、交通、科技、财政等)一起构成立体化旅游扶贫模式的参与平面,力图挖掘整体内能,辅之以多元化扶贫手段(市场、资金、管理、技术等),不同要素相互联动,多纬度指向扶贫对象——弱势群体相对集中的贫困山区。

(二)"先富助贫"模式

"先富助贫"模式,其内涵是指在旅游资源丰富的贫困地区,借助旅游扶贫已经率先脱贫致富的人,即先富者,通过向该地区贫困人口传输脱贫致富的思想、观念、方法、知识、技能等信息或通过设工厂、作坊,加工旅游产品,训练旅游推销品,办大型商店、超市等方式为其提供尽可能多的就业机会,使其受益并最终达到脱贫致富的模式。这种模式是先富者"富而思源、富而思进"意识与未富者渴望摆脱贫困状态的内在需要在某种外在诱惑下(村委会介入)相结合的产物,有其特定的适用范围。

---

① 李国平.基于政策实践的广东立体化旅游扶贫模式探析[J].旅游学刊,2004(5):56-60.

（三）整体租赁模式

整天租赁模式,是指在一个旅游景区内,将景区的所有权与经营权分开,由政府统一规划,授权一家企业较长时间地控制和管理,组织一方或多方投资,成片租赁开发,垄断性建设、经营、管理该旅游景区,并按约定比例由景区所有者和出资经营者共同分享经营收益。

（四）"城企相助"模式

"城企相助"模式是指具有一定基础的景区通过与发达城市或实力雄厚的企业合作,创办旅游经济实体,对景区进行开发和管理。在旅游业得到发展的同时,既能给当地居民带来就业机会,企业也可实现资本的增殖,互惠互利,共谋发展。此外为发展旅游业而投资兴建的水利、路桥、电力、通信、民居等基础设施,进一步改善了当地的投资环境,给吸引更多的外来资金打下了基础。从而实现经济的良性循环,加快脱贫致富的进程。

（五）"景区帮扶"模式

有些旅游景区(点),地处贫困村寨。由于土地、树林等尚属村寨集体所有,因而景区(点)的兴衰与村寨的关系十分密切。同时,发展旅游业带动经济欠发达的村寨脱贫致富,也是旅游部门参与扶贫工作的一项责无旁贷的义务。景区帮扶模式就是指那些旅游业发展具有一定实力的景区,凭借自己的优势,采用提供经营条件、安排富余劳动力就业、资助其基础建设等方式,帮助周边经济欠发达的村庄脱贫致富的一种模式。

二、"互联网＋旅游"助推精准扶贫的路径探究

"互联网＋旅游"助推精准扶贫的路径探索,主要包括以下几个方面的内容。

(一)精准扶贫对象

主要内容包括:规范建档立卡,呈列需求清单,脱贫措施及时到位。明确贫困群众致贫的根本原因,因村施策,因户施法,科学制定计划,明确进度,合理安排工期,从而确保项目资金到位,帮扶力量和监测评估到村到户。

(二)明确扶贫目标

主要内容包括:明确阶段目标,确定脱贫时序,对接全面小康标准。

(三)定位扶贫内容,改革扶贫机制

完善基础设施建设,壮大富民产业,推动教育、卫生、文化、科技、社会救助等方面的扶贫。鼓励土地依法规范有序流转。资源资产多样化参股;财政扶贫资金、社会帮扶资金创新应用,折股量化到户;对按股分红、负盈不负亏的专业合作社、龙头企业或农业项目可给予资金支持和贷款贴息。

(四)互联网大数据提升精准扶贫治理能力

互联网大数据对于社会治理中的问题分析和预测提供了新的思路、方法和工具。基于互联网的大数据是加强和创新社会治理的重要手段,更是推进政府治理体系和治理能力现代化的重要助力。大数据通过全息的、整体的数据呈现,使社会治理从"粗放式"迈向"数据驱动"的精准治理方式。

(五)"互联网+"扶贫力度不断提升

完善电信普遍服务补偿机制,加快推进宽带网络覆盖贫困村,实施电商扶贫工程。加快贫困地区物流配送体系建设,支持邮政、供销合作社等系统在贫困乡村建立服务网点。支持电商企业拓展农村业务,加强贫困地区农产品网上销售平台建设。加强贫困地区农村电商人才培训。对贫困家庭开设网店给予网络资费补助、小额信贷等支持。开展互联网为农便民服务,提升贫困地区农村互联网金融服务水平,扩大信息进村入户覆盖面。

(六)公共资源向贫困地区拓宽延展

"贫困地区之所以贫困,一个关键因素就是环境差,公共服务严重欠缺。"贫困地区缺乏统一规划,公共服务体系处于初级阶段,难以发挥整体发展效应,所以政府在设置精准扶贫清单中应充分考虑公共服务资源的合理布局,构建起规范化、标准化的基本公共服务体系。

三、"互联网+旅游"助推精准扶贫的重点任务

加快贫困地区发展,早日摆脱贫困,过上富裕生活,是贫困地区人民群众的迫切愿望,也是党执政为民的根本要求。"互联网+生态旅游"助推精准扶贫的实施,必须认真贯彻落实习近平总书记重要讲话精神,按照"摸清底数、区分类型、找准问题、分类施策"的思路,坚持治标与治本结合、"输血"与"造血"并举,大力实施精准产业扶贫、保障扶贫和安居扶贫[①]。

(一)实施精准旅游产业扶贫,增强贫困地区自我发展能力

产业是经济发展的基础,没有产业支撑,贫困群众很难脱贫致富,扶贫开发也难以持续。立足贫困地区的特色和优势,大力扶持贫困村和贫困户发展产业、就业创业,实施精准产业扶贫,不断增强"造血"功能,推动贫困地区加快发展,促进贫困群众脱贫致富。

(二)实施精准保障扶贫,提升贫困群众救助水平

充分发挥社会保障的"兜底"功能,统筹实施最低生活保障、特困人员供养、受灾人员救助、医疗救助、教育救助、住房救助、特困救助等各项救助制度,实施精准保障扶贫。

---

① 邓小海.旅游精准扶贫研究[D].云南大学,2015.

(三)实施有效的扶贫模式

第一,为认定的贫困群体减贫规划提供足够资金支持,显著减少甚至免除地方资金配套要求,确保专项扶贫资金到村到户,也避免个别地区和部门借此挤占挪用扶贫资金。

第二,凡是扶贫部门主管、相关部门实施的扶贫项目,必须强调扶贫到户,确保其扶贫项目的属性,不能当成单一的产业发展项目来实施。而所有产业扶贫项目不能只有生产发展规划,必须强调市场营销方面的技术设计,以实现增产增收、提值提效。在推行公司＋农户、大户带动贫困户等产业扶贫模式的同时,必须明确提出贫困户的赢利模式,不能把贫困户沦为简单的原材料提供者。

第三,创新扶贫发展手段,包括依托贫困地区优势旅游资源,结合整村推进措施搞旅游扶贫,包括乡村度假旅游、休闲农业,甚至生态旅游,确保减贫和生态保护双赢。

(四)加大贫困人群参与扶贫的广度和深度

一是实施动态目标人群识别,从自愿申报到逐级审核再到评估审查,分阶段识别贫困个体;二是建立档案台账,保持更新,从而为旅游精准扶贫提供可靠的依据;三是以情动人的沟通模式,让贫困人群自觉自愿加入扶贫的管理当中,努力营造良好、健康的扶贫氛围。

第五节 "互联网＋旅游"助推精准扶贫的对策建议

一、"互联网＋旅游"助推精准扶贫发展模式的对策建议

要确保精准扶贫目标的实现,必须确保精准识别和精准帮

扶,以及科学的动态管理。根据上述关于"互联网＋生态旅游"模式的探究,提出如下建议。

(一)实行贫困村分类机制化

结合国家级政策(如国家发改委的主体功能分区、环保部的生态功能分区等)整合资源,对不同类别的贫困村实施不同类别的减贫支持政策,把实现农村最低生活保障(低保)和开发式扶贫"两项制度衔接"从户级层面扩大到行政村层面,在村级层面实行"应保尽保"和"应扶尽扶",尤其是对列入国家禁止开发区和部分列入限制开发区的贫困村以保代扶,推行政策性帮扶措施实现精准扶贫。

(二)确定贫困人口的规模

一方面,在国家现有自上而下测算贫困人口模基础上,同时采取自下而上的贫困群体识别参与制度,修正和确定贫困人口的规模,让所有贫困人口都能被识别和确定;另一方面,在推行集中连片扶贫开发工作中,把精准扶贫政策和要求(标准)融入集中连片贫困地区筛选标准中。

(三)采取正确的识别方法

在贫困户识别环节推行自下而上的参与式贫困群体识别方法,让社区群众代表(社区推荐的,并非一般意义上的村民代表)和贫困户(申请者)直接参与到贫困群体识别过程,同时购买第三方社会服务(地方民间机构、科研和大专院校等非关键利益相关者),确保贫困识别过程的公开、公正、透明,并且可核查和可追责。

二、"互联网＋旅游"助推精准扶贫发展路径的对策建议

(一)实施精准产业扶贫,增强贫困地区自我发展能力

一要找准优势富民产业。支持贫困地区根据本地自然资

源、生产条件和产业基础情况，充分发挥比较优势，大力发展有利于贫困农户增收致富的产业项目。

二要加强贫困人口致富技能培训。提高贫困群众能力素质，是治贫脱贫的根本之策。要整合各类培训资源，针对不同年龄段和文化层次的贫困群体，分类制定和实施教育培训计划，力争每个有条件的贫困家庭劳动力都能掌握一项以上就业创业技能，增强就地发展产业、进城进园就业、自我发展创业的能力。

（二）实施精准保障扶贫，提升贫困群众救助水平

一要解决基本生活保障问题。强化对丧失劳动能力处于重度贫困农户的重点保障，精准识别，调整保障对象，确保"应保尽保"。逐步提高农村低保平均保障标准和农村"五保户"供养标准，并与经济发展水平相适应。

二要落实教育救助政策。建立和完善家庭经济困难学生资助体系，支持贫困户子女享受学前教育、义务教育和就读普通高中、中等职业学校、普通高校，保证贫困家庭孩子上得起学，接受公平的有质量的教育，阻断贫困现象代际传递。

（三）实施精准安居扶贫，改善贫困地区生产生活条件

一要有序实施扶贫移民搬迁。对交通偏远、不宜居住的贫困村和生存条件恶劣地区的贫困群众，要科学制定搬迁计划，按照整体搬出、集中安置为主的原则，采取就近搬迁安置、跨区域安置、县域内统一协调安置、依托工业园区安置等多种模式，稳步推进移民搬迁工作。要做好后续保障，统筹推进安置区基础设施和基本公共服务配套建设，培育支持好产业发展，确保搬迁群众生活有保障、致富有门路，真正做到"实施一个搬迁项目，安置好一方群众，实现一方人脱贫"。

二要推进贫困村村庄整治。对无须搬迁但基础条件差的贫困村，结合新农村建设，按照"整体推进、基础先行、改善面貌、提

升功能"的思路,坚持基础设施、新型村庄、产业发展和社会管理综合配套,抓好村庄整治,优化村容村貌,改善生产生活环境。

三要加强贫困地区基础设施建设。加快改造升级农村公路,提升公路通达能力,有效解决运输难、行路难问题。加强农田水利建设,抓好农村安全饮水和抗旱水源工程建设,增强贫困地区农业综合生产能力。

四要提高贫困地区基本公共服务水平。加快贫困地区社会事业发展,推进基本公共服务向农村延伸。加强贫困地区教育文化、公共卫生、养老保险、就业援助、社会管理等政策体系及设施建设,促进贫困地区经济社会协调发展。

三、"互联网十旅游"助推精准扶贫总体发展的对策建议

(一)实施旅游精准扶贫是精准扶贫的新途径

旅游精准扶贫就是针对不同贫困地区旅游扶贫开发条件、不同贫困人口的情况,运用科学有效的程序和方法对旅游扶贫目标对象进行精准识别、精准帮扶和精准管理,以实现旅游扶贫"扶真贫"和"真扶贫"目标的扶贫方式。旅游精准扶贫作为一个动态的有机系统,以实现旅游扶贫"扶真贫"和"真扶贫"为目标,是区别于以往粗放式旅游扶贫的一种全新的旅游扶贫方式。

(二)实施旅游精准扶贫有明确的适用条件

旅游精准扶贫有明确的适用条件,要符合比较优势,并非任何地区、任何贫困人口都适合开展旅游扶贫。因此,要对旅游精准扶贫目标对象进行识别。旅游精准扶贫识别就是针对不同贫困地区旅游扶贫开发条件、不同贫困人口状况,运用科学有效的程序和方法,对旅游扶贫目标地区、旅游扶贫项目及旅游扶贫目标人群进行精确辨别、区分的过程。它是旅游精准扶贫工作有效开展的前提、效率提高的需要、目标实现的基础。通常,旅游

精准扶贫识别的主体包括政府、非政府组织、企业、社区居民(贫困人口)等。

(三)实施旅游精准扶贫是多元主体共同参与和协作的过程

旅游精准扶贫的主体包括各级政府部门、旅游企业、社会团体(主要是非政府组织)、当地贫困人口及旅游者等,但各旅游扶贫帮扶主体在旅游精准扶贫过程中的帮扶行为和帮扶内容是存在差异的。旅游精准扶贫帮扶强调根据不同需求提供相应的扶持。由于贫困地区旅游扶贫系统内部存在异质性,不同层面的帮扶需求会存在差异,因此,可根据旅游精准扶贫帮扶的实施层面,构建"三位一体"的旅游扶贫帮扶体系,即地区层面帮扶(旅游扶贫开发条件改善帮扶)、社区层面帮扶(贫困社区建设帮扶)和个体层面帮扶(贫困人口旅游扶贫参与帮扶)。

第六章 "互联网+电商"精准扶贫模式与路径

随着计算机网络与信息技术的快速发展,电子商务已成为经济热点和发展趋势。电子商务对社会经济发展和进步发挥了巨大的变革作用,深刻影响着人们的经济生活方式。电子商务对国民经济增长的带动性逐渐增强。近年来,我国经济实现了持续快速发展,虽然受到全球金融危机的影响,但我国经济保持平稳较快发展的总体格局没有改变。在电子商务的带动下,我国经济出现了新的增长点,一批新兴产业应运而生。实践证明,电子商务能有效促进经济增长,而经济增长是解决贫困问题的关键,经济增长是贫困率下降的主要推动力[1]。根据测算,20世纪90年代我国贫困人口减少与经济增长的弹性系数为-0.8,即GDP每增长一个百分点,农村贫困人口可减少0.8%[2]。当前我国经济增长正在步入高速增长转向适度缓慢增长阶段[3]。经济的稳步增长将扩大劳动力需求,有利于贫困地区劳动力的就业,从而改善人民的生活水平。同时,随着综合国力的不断增强,国家可以投入更多的力量促进贫困地区开发建设,为贫困地区发展提供坚实的物质基础。

2006年以来,电子商务在我国获得迅猛发展,年均增长超

---

[1] 韩建民,赵永平.中国经济增长中的农村贫困问题探讨[J].农业现代化研究.2007,28(2):135-139.
[2] 甘肃省扶贫开发办公室.甘肃省扶贫资料汇编[A].2003:426.
[3] 刘世锦.中国经济增长十年展望[M].北京:中信出版社,2013.

过30%。当前,我国电子商务交易额占GDP总额已经超过15%,显示了电子商务在促进经济发展方面的巨大推动力。互联网金融、大数据时代、移动电子商务、跨境电商、传统企业触网等热潮,正推动着电商产业走到我国经济的舞台中央。按照2020年全面建成小康社会的目标以及中央相关决策部署,要确保在既定时间节点打赢扶贫开发攻坚战,就需要进一步加大扶贫开发力度、创新扶贫模式的路径选择。电子商务会对人们生活的各个方面产生巨大的影响,在电子商务助推精准扶贫中也是如此。互联网思维的介入,使得电子商务扶贫和传统的扶贫发生很大的变化,产生了自上而下电子商务和自下而上电子商务两种新的电商扶贫模式,使得扶贫从"输血"变为"造血",真正做到精准扶贫到精准脱贫。

第一节 "互联网＋电商"概述

一、我国电子商务的发展现状

(一)互联网基础资源发展现状

根据中国互联网络信息中心(CNNIC)发布的第39次《中国互联网络发展状况统计报告》显示,截至2016年12月,我国网民规模达7.31亿,相当于欧洲人口总量,互联网普及率达到53.2%,超过全球平均水平3.1个百分点,超过亚洲平均水平7.6个百分点,手机网民规模达6.95亿,占比提升至95.1%[①]。现如今,半数以上的中国人使用互联网,网民规模增速提升,同

---

① 中国互联网络信息中心.中国互联网络发展状况统计报告.[R].http://www.cnnic.cn/gywm/xwzx/rdxw/20172017/201701/t20170122_66448.htm,2017-01-22.

时网民个人上网设备进一步向手机端集中。互联网普及率处于稳步上升阶段。但是，相对于发达国家，我国的互联网普及率处于非常低的水平。国内各省区市发展不均衡，东部沿海省份的互联网基础资源水平较高，中、西部的互联网基础资源水平相对落后。所以，根据我国目前互联网基础资源发展状况，可以看出未来我国电子商务有着广阔的发展前景。

（二）电子商务的发展状况

近年来，我国农村电子商务快速发展，电子商务交易规模不断扩大。通过电子商务脱贫致富，促进农民创业就业、增收的案例不断涌现。"互联网＋"精准扶贫为扶贫开发开辟了新路径，是经济欠发达地区实现"弯道超车"的有效途径。近几年迅速兴起并呈现出全面爆发之势的各类"淘宝村"、"电商村"就充分显示了贫困落后地区借助互联网实现跨越式发展的巨大潜力。贫困地区大部分在偏远山区，远离城市，市场需求信息不畅通、交通落后。借助电商的网络系统，推动农业生产和农村流通向精细化、高效化发展，使贫困人口离市场更近，提高农产品的商品化率。同时电商也减少了很多消费的层次，在不提高城市消费价格的情况下大大提高农民收入。经济欠发达地区电子商务风生水起，移动网购消费增幅最大的百个县中75％位于中、西部，亿元淘宝县中国家级贫困县有21个。

在贫困地区市场不完善的情况下，把电商作为减贫的措施，需要政府和社会加大对贫困地区农村电子商务的支持，地方政府要加大力度推进贫困地区电子商务基础设施建设，为电子商务进村入户提供有力支撑。在2015年10月减贫与发展高层论坛电商扶贫分论坛上，中国扶贫基金会、中国社会科学院信化研究中心、苏宁集团、阿里巴巴集团等单位共同向全行业、全社会发起《"互联网＋扶贫"联合行动倡议书》，倡导全社会关注该领域,以实际行动推动互联网与扶贫工作的深度融合。商务部近几年在农村市场建设上实施了一系列的工程,如"万村千乡市场工程"、"农超对接"、"双百"市场工程、南菜北运、西果东送、家电下乡、跨区域农产品流通骨干网建设等,在推进这些工程的过程中,都对老、少、边、穷地区进行了倾斜。通过电子商务进农村综合示范,引导、鼓励、组织国内大型电商企业、平台、社团组织等各类市场主体,为农村电子商务发展提供咨询、人员培训、技术支撑等专业服务,培训一批扎根农村的电子商务服务企业。利用平台优势帮助贫困地区开拓特色产品新市场,带动贫困地区特色产业集聚发展,增强自我造血机能。

根据我国电子商务研究中心监测数据显示,2016年上半年,中国电子商务交易规模达10.5万亿元,同比增长37.6%。其中,B2B市场交易规模达7.9万亿元,同比增长36.2%。网络零售市场交易规模2.3万亿元,同比增长43.4%。[①]

近年来,虽然电商在我国取得了飞速的发展,但综合我国各地区情况来看,仍存在显著的地区差异。一方面,电子商务发达地区主要集中在经济发达的沿海地区,内陆贫困地区发展电子商务所遇到的基础设施、物流、人才挑战更加严峻;另一方面,经济发达的地区随着其经济的不断发展壮大,对电商的需求也越来越大,从而加大对电商的投入与重视,也就进一步推动了当地经济的发展。

二、电子商务对国内经济增长的作用机制

(一)降低成本费用

微观上,成本费用的降低使得商品供给的大大增加,加上人

---

① 中国电子商务研究中心. 2016年(上)中国电子商务市场数据监测报告[R]. http://b2b.toocle.com/zt/16dsscbg/,2016-09-13.

们日益增长的消费的多元化,推进了经济的良性增长。科斯在经济学中通过引进交易费用这个分析工具,极大地扩展了经济增长理论应用的空间,揭示制度的动态发展及其对经济增长的影响。运用科斯理论可以发现,电子商务市场可以从五个方面降低交易费用。具体包括:降低发现交易对象的费用、降低价格搜寻费用、降低考察和谈判费用、降低防范机会主义行为的费用、降低维护市场交易秩序的监管费用。降低了交易费用,就可以提高经济效益,最终能促进经济的增长[1]。

(二)加速产业结构优化

电子商务的发展推动了网络的发展,而网络的发展必将大量运用最先进的信息技术,势必推动产业结构的优化和升级,特别是促进了现代第三产业的发展,增强经济结构自身的稳定性。近年来,我国电子商务发展迅速,已经广泛渗透到社会经济生活各个领域,成为企业开拓国内外市场、降低运营成本、提高流通效率的新渠道,消费者便利消费的新选择,政府部门拉动内需、发展经济、优化产业结构的新抓手。2015年电子商务服务行业总营收超过1万亿元,成为调整经济结构、转变发展方式的重要动力和促进就业的主要途径之一。

(三)增加就业机会

在一定程度上缓解就业压力,增加更多新型就业机会。主要表现在:一方面,电子商务的广泛应用,带动了新兴产业的发展,深化了社会分工,从而增加了对劳动力的需求;另一方面,电子商务促进了国际贸易的发展,而货物进出口量的增加会引发企业扩大生产规模,增加就业岗位。根据中国电子商务研究中

---

[1] 罗纳德·哈里·科斯(Ronald H. Coase).论生产的制度结构[M].盛洪,陈郁译校.上海:上海三联书店,1994.

心监测数据显示,截止到 2016 年 6 月,我国电子商务服务企业直接从业人员超过 285 万,由电子商务间接带动就业人数超过 2100 万。

(四)保障经济可持续发展

加速传统产业变革,促进高新技术信息产业的发展,保障国民经济可持续发展。改革开放 30 年以来,我国经济快速发展,我国在全球的经济地位大大提高。但是近几年我国的经济连年快速发展,在一定程度上是靠高投入、高消耗的粗放型经济增长方式得以实现,消耗大量资源也破坏了自然生态环境。电子商务是一种新兴的高科技、低消耗、少污染、高产出的新型产业,它的产业效益要明显高于许多传统产业。这样,通过利益杠杆的自然调配,优化资源分配,使资本流向产出高的新型产业,减少传统产业在经济发展中的比重,从而在总体数量上减少传统产业对资源的需求,在减少总的资源消耗的同时降低了传统产业对环境的破坏,最终可以缓解传统产业发展对国民经济可持续发展造成的压力。实践证明,这一新兴产业的出现和发展为国民经济的发展和实现经济可持续发展战略开辟了一条新的道路。

(五)推进经济结构调整

推进经济结构调整,加速全球经济一体化进程,使我国经济更好地融入世界经济。作为信息技术应用的主要领域,电子商务的发展有力地带动了一批信息产业和信息服务业的发展,促进了经济结构的调整。电子商务在助推世界经济结构调整和重组中作用最明显的一点就是以一种最大化网络方式将顾客、销售商、供应商和雇员联系在一起,使供需双方在最适当的时机得到最适用的市场信息,既极大地促进了供需双方的经济活动,又减少了交易费用和经营成本。而随着世界经济的全球化和一体化进程的加快,国内市场与国际市场接轨程度越来越高,资源在全球范围内进行合理分配,各国之间的经济依存关系越来越紧密。世界各国、各组织对电子商务极为重视,电子商务会加大贸易机会,降低贸易成本,提高贸易效率。所以,电子商务的发展为我国经济融入世界经济创造更多机会,使得我国在国际上的经济地位进一步得到提高①。

经济结构调整有助于贫困地区的发展。在国内外市场竞争日趋激烈的情况下,我国正在大力调整和优化产业结构。发达地区一方面加快产业升级,大力发展资本技术密集型产业,另一方面,为了提高产业竞争力,将一些劳动密集型产业项目向欠发达地区转移。我国的贫困地区大多地处中西部,资源相对丰富,劳动力成本低,具有承接这种结构梯度转移的区位优势。西部地区完全有可能引进资本和技术,接受外来产业转移,提高贫困地区在区域产业分工中的地位,从而加快本地区的产业结构转换和经济发展。

第二节 "互联网+电商"与精准扶贫的关系

新基础设施(如互联网、云计算、智能终端等)的建设和安装,为消除贫困提供了新的方法和手段;新经济形态(平台经济、共享经济和微经济)的崛起,为贫困人群提供了创新创业的平台,打开新的上升通道;新服务体系(商品、生活、医疗、文化等)的建立,使贫困人群对接并融入新型生活方式,改变思维方式,远离贫困,走上小康之路。电子商务消除贫困,彻底改变了人们

---

① 大卫·范胡斯.电子商务经济学[M].北京:机械工业出版社,2003.

的生存状态,这种改变更持久、更有发展,彻底根除了贫困发生的土壤①。

一、新基础设施为消除贫困提供新方法新手段

在农业时代,土地、人力是最主要的生产要素,围绕土地所展开的水利、仓储等是最主要的基础设施。农业时代没有严格意义的扶贫消贫概念,其最主要的减贫活动就是开仓放粮、赈济灾民,比较积极一些的手段是削减税赋、发展生产等。

在工业时代,资本、技术是最主要的生产要素,铁路、公路、机场是其最主要的基础设施。工业时代讲求的是产业扶贫,通过工业化和产业化的发展,帮助贫困地区实现造血功能。这种方式在一些有条件的地区取得了很好的效果。改革开放30多年来,我国7亿多贫困人口摆脱贫困,农村贫困人口减少到2015年的5575万,很多都是产业扶贫的结果。但在匮乏的商业基础设施及严重信息不对称面前,帮助贫困地区的农民产业开发容易,让他们对接市场却很难。这也是很多贫困的人群不断在脱贫与返贫间徘徊的根本原因。

随着信息时代的到来,"云(云计算)、网(互联网、物联网)、端(智能终端)"等新型基础设施的快速安装,为扶贫带来新的突破。尤其是随着移动互联网的发展,农民使用智能手机就可以把脉市场需求,点点鼠标就可以把产品销售出去。这使我们看到,贫困地区可以通过信息化、通过电子商务助力发展,变道超车或另辟蹊径,实现减贫脱贫目标。

---

① 张瑞东,蒋正伟.电商赋能 弱鸟高飞:电商消贫报告(2015)[M].北京:社会科学文献出版社,2015.

二、新经济形态为贫困人群搭建创新创业平台

诺贝尔奖获得者舒尔茨说过,贫穷不是因为土地资源和产业落后,而是因为教育落后、信息闭塞造成劳动力素质低下。网络经济具有天然的外部性和普惠性,实践已经证明,信息通信在贫困落后地区比富人聚集地区具有更高的社会效益,我国部分省区的农民上网得到的实惠远远高于城市。分析贫困人群特征可以看到,除了因病致贫,信息和教育是其致贫的最主要因素。由于二者的障碍或缺失,使得贫困地区产业落后、脱离市场。

越是贫困的地方距离市场越远,贫困者基本不能有效地对接市场,也无法纳入新的社会分工,更不能享受技术革新带来的福祉。在此状态下,贫困人群的上升通道,唯有求学、打工、入伍等几种方式。这仅有的几种方式的共同点是,只有走出去,才有脱贫的希望。以互联网为基础的新经济,解决了公平、包容和信息不对称问题,为贫困者提供了全新的上升通道。新经济的常态是平台经济、共享经济和微经济。平台提供了社会服务的共享空间;共享使得商业基础设施可以为贫困者所用;从而释放出草根的创新力,使他们成为微经济的主体。贫困者不用再东奔西走,通过互联网、通过电子商务就可以完成创新创业,摆脱贫困,走向富强。

三、新服务体系改变贫困人群的思维方式及生活方式

互联网基础设施在农村地区迅速普及,尤其是各大互联网公司启动电商下乡战略以来,各种新兴互联网服务纷纷落户农村,网购、网销等商品服务,交费、理财、订票等生活服务,远程医疗服务纷至沓来。贫困地区的人们开始享受到前所未有的实惠和便利。伴随着新兴服务体系的落地,贫困地区的网络消费市

场加速成长,互联网意识开始加速融入农村,这些将对农村的消费习惯、生活方式,甚至思维方式产生潜移默化的影响。

新型服务体系的落地,让贫困地区的人们享受城市般的生活,他们开始逐渐告别假劣商品充斥的市场,动动手指就可以享受到与北上广相同的商品和价格。根据中国电子商务研究中心监测数据显示,2016年上半年,全国农村特色产品等实现网络零售额1500亿元。网络消费的普及有助于唤醒贫困地区人们的互联网意识。广东工业大学的一项研究表明,有网络购物经验的农村居民对电商创业的认同程度较高,达到51.7%,其中86%的农村居民愿意选择全职或兼职从事电子商务。

新型服务体系也催生了形式多样的电子商务服务物种,这既包括本地化的电商服务企业,如淘宝网特色中国的服务商,也包括电商下乡所长出的服务个体,如代购员、农村淘宝合伙人等。这些服务物种背后,是大量外出年轻人的离城返乡所带来的见识、意识,大大提升了本地乡民应用互联网的能力。

第三节 "互联网+电商"助推精准扶贫的层次结构

精准扶贫是整个扶贫工作、当然也是电商扶贫的基础,二者在目标上是一致的;同时又不能对精准扶贫中的"扶真贫"和"精确滴灌"作简单化的理解。简言之,扶贫需要"双到(到村到户)",又不能限于"双到"。

一是"直接到户"式的电商扶贫。精准扶贫对象无疑也应当列为电商扶贫的帮扶重点,纳入扶贫"双到"的工作范围,尤其应当对有劳动能力的特困户、低保户、"五保户"、优抚对象、"三留守"人员等给予更多关照。

第六章 "互联网+电商"精准扶贫模式与路径

二是"参与产业链"式的电商扶贫。除了在精准扶贫对象上着力,帮扶他们融入已有的面向电商的产业链外,还应当在区分不同资源特性的前提下,把必要的扶贫资源用在相关产业链上的龙头企业和产业链发展急需的其他环节上。这不仅不违反精准扶贫"真扶贫、扶真贫"的精神,恰恰相反,鉴于电商扶贫需要提高组织化水平,需要以此营造良性循环的电商生态,将扶贫资源用于龙头企业和产业链发育的薄弱环节,往往更能起到事半功倍的作用。

三是"分享溢出效应"式的电商扶贫。当地政府应及时推动,将电商生态发展的溢出效应,更大范围转化为更多贫困户可分享的福祉。

对于电子商务扶贫,可以从以下三个层面进行说明,如图6-1所示。

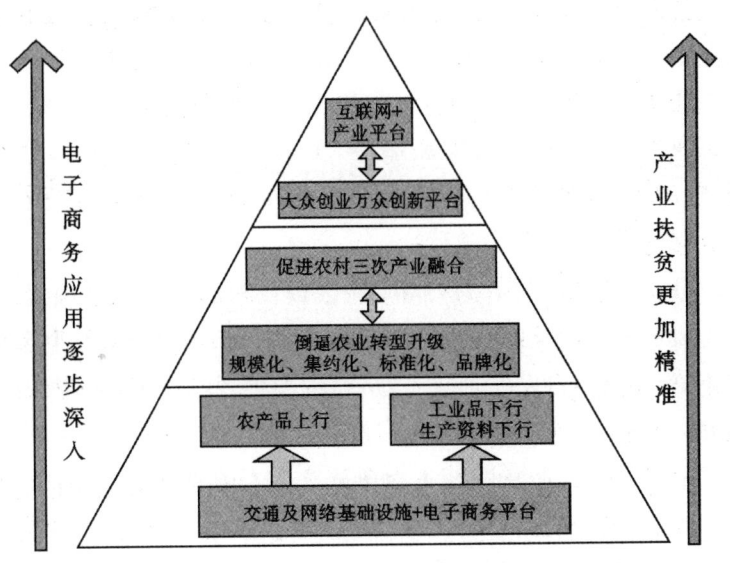

图6-1 电子商务助推精准扶贫的层次示意图

第一个层面，通过网上销售当地产业形成的产品，直接对接市场来增加收入；另外，通过给贫困地区带来便捷实惠的商品和生活服务，充分享受信息带来的福利。通过电子商务提供方便快捷的"工业品下乡"和"生产资料下乡"，使贫困地区的贫困户可以足不出户享受物美价廉的日用消费品和农业生产所需的种子、化肥、农药等生产资料，在打通"工业品下乡"和"生产资料下乡"的信息流和物流通道基础上，探索"农副产品上行"渠道，最终形成面向农民的互联网生态服务中心。在这个层面中，通过政府的政策引导，贫困户可以通过以下精准帮扶实现脱贫：一是电子商务能让贫困群众增加谋生技能，还能带动当地交通、物流等基础设施发展，培育、升级贫困地区的支柱产业；二是可以通过培训村干部、致富带头人等方式，帮助贫困农户对接电商平台；三是除了收入，电商给村民带来巨大的思想变化，使他们对信息技术更加向往；四是有效解决贫困地区信息不对称，让扶贫更加精准。电商进农村，解决的是两个问题，"买贵卖难"，让村里人能买到各地的好东西，让村里的好东西能卖出去。帮村民买东西需要在农村铺设基础服务，卖东西则需要支持农民学习电商、创业、培养品牌。在这个过程中，同时可以解决部分农村就业问题、食品安全问题等。

第二个层面，为农村经济、社会提供可持续发展的生态支撑。通过电子商务的带动作用，建立起良好的电子商务生态支撑体系，使其由自发变为自觉，从而带动更多的贫困地区发展特色电商产业，倒逼传统产业转型升级，促进农民增收致富，实现农村生活稳定。互联网技术深刻运用的智能农业模式，以计算机为中心，对当前信息技术的综合集成，集感知、传输、控制、作业于一体，将农业的标准化、规范化大大向前推进了一步，不仅节省了人力成本，也提高了品质控制能力，增强了自然风险抗击能力,正在得到日益广泛的推广。用互联网技术去改造生产环节提高生产水平,管控整个生产经营过程确保产品品质,对产品营销进行创新设计,将传统隔离的农村三次产业环节打通,形成完备的产业链。

第三个层面,充分利用"互联网＋"思维,构建农村包括交易、物流、支付、金融、云计算、数据等在内的电商基础设施,使其成为各类经营主体、各种创业者进行创新创业平台,为"大众创业、万众创新"提供坚实的基础。同时积极探索"互联网＋农业"的应用和开发,为将来的精细农业、科技农业提供基础服务。

第四节 "互联网＋电商"助推精准扶贫的主要模式

电子商务模式是网络企业生存和发展的核心[①]。关于此概念的定义有多种:Rappa认为电子商务模式是企业借助互联网获得收入并促进企业可持续发展的方式;Amit和Zott认为电子商务模式是电子交易处理组成的架构,该交易处理的组成包括特定的信息、服务、产品,以及从事交易的各方;Timmers认为电子商务模式是通过电子市场反映产品流、服务流、信息流及其价值创造过程的运作机制。虽然不同的学者对电子商务模式的定义不同,但都普遍揭示了电子商务模式的本质,即企业通过互联网获取利润的方式。它们阐述了电子商务模式应包含的相关组成,每种观点给出的方案要素不同,而电子商务模式方案更重要,它是保证模式成功的必要条件。综上所述,电子商务模式是

---

① 朱家瑞,起建凌.农村电子商务扶贫模式构建研究[J].农业网络信息,2015(1):22-27.

指企业通过互联网获得收入的方式及实现这种方式的方案。

电子商务精准扶贫模式是电子商务模式中的一项社会服务性的模式,借用电子商务模式的定义方式,电子商务扶贫模式可概括为:通过互联网技术增加农民收入、发展农村经济以解决农村贫困问题的方式及其实现这种方式的方案,而电子商务精准扶贫则在此基础上,进一步将扶贫对象聚焦到精准识别的建档立卡贫困户。通过电子商务进行产业精准扶贫,由于互联网思维的介入,使得电子商务扶贫和传统的扶贫发生了很大的变化。传统的扶贫是直接给贫困户和贫困群体以政策和资金,往往没有考虑持久性。而电子商务扶贫,则通过将互联网的思维运用到扶贫领域,通过"连接＋交流＋服务"形式,改"输血"为"造血",真正做到从精准扶贫到精准脱贫。两种扶贫模式的示意图如图6-2和图6-3所示。

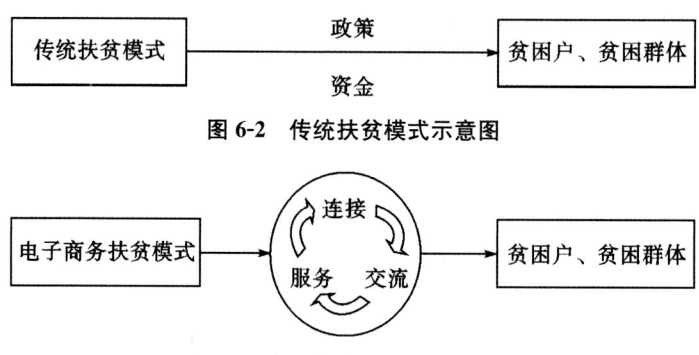

图6-2 传统扶贫模式示意图

图6-3 电子商务扶贫模式示意图

一、农村电子商务基本模式

经过大量创新和快速发展,农村电子商务发展出现了"个人"模式、"淘宝村"模式、"淘宝县"模式和"垂直平台"模式等四种形式。

第六章 "互联网＋电商"精准扶贫模式与路径

一是个人模式。主要指农民或个人通过第三方平台开展涉农电子商务,如山东蒙阴王鹏通过淘宝将家乡蜂蜜卖到全国,新疆网商邓静将新疆红枣卖到全国并创立"丝路宝典"这个具有影响力的红枣品牌。

二是"淘宝村"模式。主要指通过核心网商聚集作用,调动一个"村"的资源协同发展,形成较完整的产业链。如江苏睢宁县沙集镇东风村通过抱团发展,形成较为完整的家具产业链,被誉为信息化时代的"小岗村"。

三是"淘宝县"模式。主要指县级地方政府协调各方资源积极参与和推动当地涉农电子商务,能够聚集更多的资源,推进速度更快,效果更显著。目前,国内较有影响力的"淘宝县"有浙江遂昌县(生鲜为主)、山西临县(杂粮为主)、福建安溪县(茶叶为主)、四川青川(干货为主)、山东博兴县(以草编为主)、甘肃成县(山核桃为主)和吉林通榆(杂粮为主)等。

四是"垂直平台"模式。主要指由涉农龙头企业和看好涉农电子商务发展潜力的行业外资本投资建设。前者有中粮集团的我买网,后者有顺丰速运运营的顺丰优选、九城集团运营的沱沱工社、北京本来工坊科技有限公司运营的本来生活网等。

二、自上而下电子商务模式

(一)苏宁：零售起家,将O2O进行到底

苏宁的零售基因非常强大,其线下门店经营能力行内有目共睹。在电商扶贫上,苏宁依然在O2O基因的基础上做文章,如推出的"双百示范工程",未来三年在100个贫困县建设100家苏宁易购直营店或服务站,在苏宁易购上线100家"地方特色馆";除此之外,还要在线下实体门店建设农村电商扶贫O2O专区,目前第一个线下的扶贫示范店已经开业;将来还准备搞贫困地区的"一村一品""一县一业",即为每个村镇推广一款产品,为每个贫困县打造一个优势产业。苏宁采取的这些策略,都是与自身O2O的商业模式相匹配的,既有线上销售,也有实体展示,有利于体验与营销;下一步还准备开展生鲜预售、产地集采等业务,加快开放平台与物流体系,让自身优势进一步发挥。

(二)阿里巴巴:强在平台,意在生态构建

众所周知,阿里巴巴走到今天,已经形成了强大的平台地位和比较完备的电商生态圈,不再仅仅是一个网上卖货者。阿里巴巴在农村电商的布局中,把生活服务的代收费、消费方面的代买和生产方面的代卖,还有返乡创业扶持等功能融合在一起,让电商下乡、农产品进城、农民创业等目标一并实现,同时还通过淘宝大学、菜鸟网络、蚂蚁金服等提供系统服务,以达到培养人才、改善物流、金融服务等目的,努力推动从"授人以鱼"到"授人以渔"再到"营造渔场"的生态打造,实现信息化惠农、消费便捷减支、生产生活理念转变、农产品上网、人才返乡等扶贫社会目标。

(三)京东:自营为王,加速向农村推进

有人说,京东就是中国的亚马逊。其从3C产品的网上零售开始,到今天终于成为一个涵盖百货的大型自营式电商平台,并牢牢占据自营B2C之翘楚。其在电商扶贫中,同样是基于自营业务优势的发挥。比如,以四川仁寿"枇杷行"为代表的产地规模化直采,利用自营平台和物流体系优势销售全国。同时,加速平台开放,已经开通地方特色馆、特产店313家,个人网店7.6万家。目前已经建立县级京东帮服务店1100多家,其中贫困县有234家。在农村电商的具体操作上,按"两条腿"走路,把大家电等业务独立归属于京东帮,完成售、送、装、修一体化;其他产品的销售则归属于京东县级服务中心,再在乡村设站,村级招募京东推广员,目前已经超过10万人,推进可谓神速。下一步还有金融跟进,形成"3F"(factory to country, finance to country, farm to table)战略格局。

(四)一亩田:涉农电商新兵,突入农产品B2B领域

与前面三家相比,一亩田的路数明显不同,虽然也是一个电商平台,但不直接零售,而是把目光瞄准了农产品的信息撮合,致力于减少中间环节与推动交易电子化,从而与竞争激烈的网络零售实现了错位发展,显示了其独到的市场眼光。当然,一亩田选择的这个事业非常艰巨,因为我国农业的小生产与大市场矛盾十分突出,这不是一两家企业可以干的事情,需要大投入、长时间和曲折探索,也是政府多年想干却没有干好的事,对于有效化解卖难意义更大。从这一点上看,一亩田的模式值得关注。当然,电商已经走过了初期的简单信息撮合阶段,也已经走过了支付与物流相支撑的网上直接交易阶段,正在进入金融全面渗透、产业链深度整合、线上线下加速融合的新阶段。一亩田的商业模式也必须与时俱进,不能太着急,可以从一个区域、一个产业、大一点的经营主体开始,逐步推进,不断锤炼模式直至成熟。

三、自下而上电子商务模式

自下而上电子商务模式,简单地可以理解为县域电子商务和乡村草根电子商务,是农村中的电子商务先行者(或领头羊),借助于已有的第三方电子商务平台或自有的电商运营环境,利用当地资源逐步发展壮大起来的电子商务活动。浙江大学管理学院联合阿里巴巴通过对浙江遂昌县、江苏沙集镇东风村、河北清河县东高庄村和山东博兴县弯头村与顾家村的四县区域电子商务的调研,2014年发布的《中国涉农电子商务发展研究报告》指出,涉农电商有三种典型模式:遂昌模式、沙集模式和清河模式。为了更广泛说明自下而上电子商务模式,增加了义乌模式

和青川模式。

（一）遂昌模式

所谓"遂昌模式"，是指中介组织组织零散农户发展电子商务，通过本地化电子商务综合服务商作为驱动，带动县域电子商务生态发展，促进地方传统产业，尤其是农业及农产品加工业实现电子商务化，"电子商务综合服务商＋网商＋传统产业"相互作用，在政策的催化下，形成信息时代的县域经济发展道路。

（二）沙集模式

所谓"沙集模式"，是指在苏北一个名为沙集的小镇，几位年轻的网商因在网上销售家具，引发当地农民纷纷效仿学习，使得一度依靠废旧塑料回收加工为主要营收来源的沙集镇，最终形成了产、供、销、运一条龙的电子商务模式。

（三）清河模式

与前两者相比，清河模式的特殊性在于专业市场不容忽视的作用。这一专业市场是当地产业基础的表征，也是羊绒产业专业化分工的体现。依托独特产业优势和专业市场所提供的丰富的产品资源与健全的产业分工，最大限度地满足不同企业的差异化经营需求，一方面保证了网店经营者能够以最快的速度、最低的价格拿到最全、最好的产品，提高了网商开展电子商务的竞争力；另一方面，通过电子商务对接全国市场，解决了传统专业市场地域局限所导致的销售难题。

（四）义乌模式

所谓"义乌模式"，是指通过利用当地的小商品丰富货源基础，开展电子商务的一种模式。简单地可以理解为从买全国、卖全国，到既买全国也买本地，既卖全国也卖全球。

（五）青川模式

所谓"青川模式"，是指以解决灾后人民生产生活问题为指向,建立电子商务体系。在青川模式中,个体、集体皆可以为主体,可以不是实体公司,只要有货源就可以经营,通过"领头羊"带动作用,将传统农业和电子商务进行结合,带动农村经济发展。下面以青川、沙集和义乌为例进行比较分析,如表6-4所示。

表6-4 三种电子商务模式对比表

	青川模式	沙集模式	义乌模式
相似点	(1)都借用了互联网这个当下流行的工具,即市场化的公共电子商务交易网,通过电子商务模式成功地致富,电子商务服务业在促进区域协调发展中非常有效,使农村电子商务得到了迅猛发展 (2)电子商务平台以淘宝网为代表,为中、西部企业及商家提供了广阔的市场,并为超过1亿的农村网民提供了物美价廉的商品,有效地带动了农村创业者致富 (3)无论沙集模式,还是青川电子商务,都发生在农村,销售的产品都以当地土特产为主,充分地利用了农村当地的各种特色优势资源 (4)都为地方经济的发展提供了新思路,通过开设网店,不仅提高了收入,还解决了就业和创业难题		
差异点	在此模式中,供应商是农户,主体是网店经营者,发挥主导作用。一个人的成功会带动一批人的参与,传统农业结合电子商务,为农村致富提供了无限的机遇,促进了农村经济发展。青川原先是灾区,所以它的电子商务受到社会各界的支持鼓励	该模式是农村经济中信息化带动产业化、产业化促进信息化的典型。具体讲,"网络+公司+农户"是沙集模式的核心。其中,农户是主体,公司是基础,网络是龙头。电子商务平台所代表的互联网是带动农村产业化的引领力量	义乌本身就是全国最大的小商品城,有着丰富的货源基础,做起电子商务来要容易些。义乌做电子商务的都是些有经济基础的私营户,有着丰富的经商经验。义乌工商学院因在网商培训与教学方面突出获得"全球最佳网商摇篮"称号。在这些创业学生的影响下,由于紧挨学院,因而已逐渐形成以电子商务为主导的一个电子商务村

第五节 "互联网+电商"助推精准扶贫的对策建议

一、电子商务助推精准扶贫存在的问题

(一)电商平台的电商扶贫定位与政府的目标需进一步契合

扶贫进入精准扶贫阶段,最重要的是让贫困户增收脱贫。也就说,工作重点在个体农户,而不是泛泛的县域概念。但目前的电商扶贫,除了在个别贫困户电商就业创业方面成绩相对突出以外,对农产品的对外销售虽有帮助,但仅仅是起步;特别是轰轰烈烈的电商下乡,有一定的民生意义,但更多的是农村消费市场的开掘,与扶贫还有距离。如何让更多的贫困户在电商中直接受益,还需要进一步探索。

(二)电商平台的业务模式对农民的期盼需进一步满足

目前的农村电商也好,电商扶贫也好,主要还是工业品下乡,而农产品进城才刚刚起步,贫困地区的网上消费与网上销售严重不对等。能不能在网上以好的价格把农产品卖出去,对农民而言意义更大。

(三)电商扶贫的模式需进一步探索

目前的电商扶贫,大多着眼于经济,与社会、生态等领域结合还不紧密。比如说,贫困地区往往是生态优美的地区,如何把这一优势资源通过互联网与电商的路径开发出来,应该有空间。同时,贫困地区的产品特别是农特产品,如果仅仅是加强推广可能效果有限,因为存在没有名气、标准化程度不够、包装设计落后、品牌严重缺失等问题,必须系统性帮扶。

第六章 "互联网＋电商"精准扶贫模式与路径

二、贫困地区发展电子商务精准扶贫的经验提炼

贫困地区发展电子商务可以借鉴已成功实施电子商务地区的经验。这里按照上一部分划分的自上而下电子商务和自下而上电子商务两种模式，探讨贫困地区发展电子商务的途径和经验采纳。考虑到自上而下模式，如阿里、京东、苏宁等大家比较熟悉，在此不再赘述。

自下而上的电子商务模式在总结上部分所述模式的基础上，通过概括其资源情况和流通情况，提出如下四种可供欠发达地区或贫困地区选择的途径，见图 6-5。

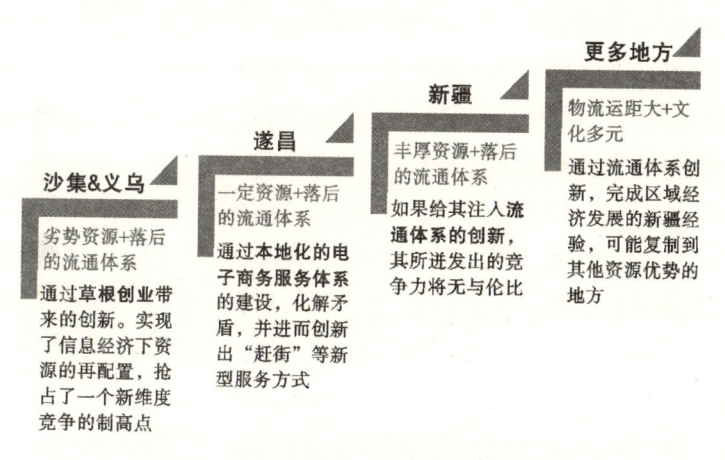

图 6-5 欠发达地区发展电子商务的途径

（一）劣质资源＋落后的流通体系

通过草根创业带来创新，实现了信息经济下资源的再配置，抢占了一个新维度竞争的制高点。以沙集为例，村民自发模仿创业成功者，自发组织加工生产和仓储，寻找物流，自主选择电子商务平台对接全国市场。沙集选择的简易家具产业自身产业链模块化程度高、技术和资金壁垒低、易形成规模经济。因为只要存在足够大的实际或潜在市场规模,农民就可以自发完成全产业链环节或进行某些环节的外包。因此,即使之前没有任何的产业基础,通过农民的自组织进行电子商务,沙集最终形成了简易家具专业生产加工基地,并带动了相关工业的发展。再以义乌为例,其源于当地发达的小商品经济。在电子商务加速融入实体经济的大背景下,义乌从一个市场转型到县域电子商务经济体,将电子商务作为新的生产力,不断融入义乌的传统商贸经济,从而推动义乌专业市场实现升级,并进而推动义乌县域电子商务经济体发展。

(二)一定资源+落后的流通体系

通过本地化的电子商务服务的建设,化解矛盾,并进而创新出"赶街"等新型服务方式。以遂昌为例,电子商务的发展并非完全来自农民的自发活动。在2010年前,遂昌也有少数企业与个人从事电子商务活动,总体规模不大,和其他地区无显著区别。先后创建的遂网协会、遂网公司和赶街公司是支撑遂昌电子商务不断突破创新的内在驱动力,打通并重构了农产品产业链条,并在这一过程中找到了自己作为电子商务服务商的定位。遂网协会和遂网公司积极发挥资源整合、标准制定、利益协调等中介组织的强大作用,从而解决了农产品电商产业链过长和农民能力较低、农产品非标准化生产和高品质农产品稀缺、农业生产活动零散分布和规模经济能够带来更高收益这些固有矛盾。

(三)丰富资源+落后的流通体系

如果给其注入流通体系的创新,其所迸发出的竞争力将无与伦比。以新疆为例,当地盛产品种丰富、品质优良的特色农牧产品,在远离内地消费市场,传统商务效率低、成本高运距长的情况下,比较适合通过电子商务方式进行销售,具有较强的产品竞争优势,并在特色农产品电子商务应用中取得成效。新疆果业集团是以销售新疆特色农产品为主的企业,是新疆首批国家电子商务示范企业,2013年投资建设新疆首家电子商务科技园,与阿里巴巴集团合作建立阿里巴巴新疆馆、淘宝新疆馆,在2013年举行的汇聚新疆网上销售活动中,三天内销售吐鲁番鲜葡萄33吨、棉胎11万床,极大地促进了新疆特色农牧产品的网上销售。再以清河为例,其特殊性在于专业市场不容忽视的作用。这一专业市场是当地产业基础的表征,也是羊绒产业专业化分工的体现。依托独特产业优势和专业市场所提供的丰富的产品资源和健全的产业分工,最大限度地满足了不同企业的差异化经营需求,一方面保证了网店经营者能够以最快的速度、最低的价格拿到最全、最好的产品,提高了网商开展电子商务的竞争力;另一方面,通过电子商务对接全国市场,也解决了传统专业市场地域局限所导致的销售难题。因此,在该专业市场强大的支撑下,清河电子商务的发展不需要中介组织发挥协调专业分工和打通产业链的作用,因而其快速成长期也体现出自发性,进而也会不可避免地进入平台期。如何打破这一平台期成为清河政府和清河羊绒产业创业协会等组织的共同焦点。

(四)流通运距大+文化多元

通过流通体系创新,完成区域经济发展的新疆经验,可以复制到其他资源优势的地方。我国大多数欠发达地区,特别是少数民族地区和革命老区,存在文化多元化和交通运输不便利的现实情况,但由于生态环境保护较好,自然资源比较丰富。这些地区可以借鉴新疆的经验,通过电子商务直接对接城乡广阔大市场,解决传统专业市场地域局限所导致的销售难题。

可见,在具体的扶贫实践中,不同的地区由于其资源禀赋各不相同。在沙集,是市场的力量,是草根网商的野蛮成长;在青川,是平台的推动,从培训到营销,帮助灾区人民电商赋能;在遂昌,则是政府的有为服务,从硬件投入到政策制定,为本地网商和服务商发展提供支持。从青川到沙集,再到遂昌,电商扶贫实践经历了一个从市场自发到平台、政府自觉的过程。电子商务对于农业市场来说,不仅仅是农村经济模式升级、农民生活方式革新,电商对农村的改变,还在于其对传统乡土社会进行着重构。当越来越多外出打工的年轻人借着电商的翅膀返乡创业、就近就业,农村的社会结构将深度变革,"空心化""空巢"现象、留守儿童等问题都有望得到改善。要促进农民电商更好发展,一方面要加强农民电商组织的作用,引导他们规范化、集约化,另一方面要借助乡土关系、邻里示范作用,促进他们自主学习、群体创新,这样才能推动农民把握住电商发展的好机遇。

第七章 "互联网＋金融"精准扶贫模式与路径

"互联网＋"作为互联网发展的新形态、新业态，改变了人们的生产生活方式，也引领了创新驱动发展的"新常态"。李克强总理多次强调实施"互联网＋"行动计划，促进电子商务、互联网金融和工业互联网的发展成为国家级战略计划。2016年3月，中国人民银行等七部委联合印发《关于金融助推脱贫攻坚的实施意见》，对深入推进金融扶贫工作进行具体部署，其中包括完善精准扶贫金融支持保障措施，发挥好各类金融机构助推脱贫攻坚的主体作用，拓宽贫困地区融资渠道等。要将"互联网＋"所涵盖的云计算、大数据等新一代信息技术手段，运用于"精准扶贫、精准脱贫"的实践之中，以"互联网＋金融"的形式，解决扶贫对象的差异性需求，做到"因人因地施策"，在让贫困群众真正得到实惠的同时，提升扶贫脱贫的创造力与实效性，形成更广泛的以互联网为基础设施和创新要素的精准扶贫、精准脱贫新形态。

第一节 "互联网＋金融"概述

一、"互联网＋金融"的内涵

"互联网＋金融"作为信息时代的新兴产物，其内涵和边界的界定,学术界尚未达成一致。部分学者强调了互联网金融是一种新的金融模式或金融业态。比如,Allen(2002)①提出互联网金融是传统金融行业与互联网精神相结合的新兴领域,认为互联网金融是基于电子通信和计算机产生的金融服务和市场。谢平和邹传伟(2012)②认为,互联网将对人类金融模式产生根本影响;20年后可能形成一个既不同于商业银行间接融资,也不同于资本市场直接融资的第三种金融运行机制,可称之为"互联网直接融资市场"或"互联网金融模式"。陆岷峰和刘凤(2014)③认为,互联网金融真正意义上是指互联网企业利用互联网技术、移动通信技术,开展资金融通、支付和信息中介等业务,而传统金融机构,通过互联网平台拓展线上业务渠道,则属于"金融互联网"。曹凤岐(2015)④也提出,互联网金融是运用互联网技术与精神实现资金融通和金融服务的新兴金融模式。目前比较权威的官方定义是,央行发布的《中国金融稳定报告(2014)》将互联网金融明确界定为"金融借助互联网和移动通信技术实现资金融通、支付和信息中介功能的新型金融模式"。

学者们大都对互联网金融的概念从狭义和广义两方面进行界定。谢清河(2013)⑤认为,狭义的互联网金融是指以金融服务提供者的主机为基础,以因特网或通信网络为媒介,通过内嵌金融数据和业务流程的软件平台,以用户终端为操作界面的新型金融运作模式;广义的互联网金融包括与其运作模式相配套

---

① Allen F. E-Finance:An Introduction[J]. Financial Services Research,2002,22(1):5-27.
② 谢平,邹传伟.互联网金融模式研究[J].金融研究,2012(12):11-12.
③ 陆岷峰,刘凤.互联网金融的冲击与商业银行的应变策略[J].青海金融,2014(3):13-16.
④ 曹凤岐.互联网金融对传统金融的挑战[J].金融论坛,2015(1):3-6.
⑤ 谢清河.我国互联网金融发展问题研究[J].经济研究参考,2013(49):29-36.

互联网的金融机构、金融市场及相关的监管等外部环境。袁博、李永刚和张逸龙(2013)[①]认为,在互联网和移动互联网环境下开展的所有金融业务都属于互联网金融的范畴,其中包括实体金融机构以互联网为媒介的线上服务;狭义上,互联网金融包括第三方支付平台模式、P2P网络小额信贷模式、基于大数据的金融服务平台模式、众筹模式、网络保险模式、金融理财产品网络销售等模式。本研究认为,互联网金融是以"互联网+"思维创新和重构传统金融模式,为用户提供便捷、高效的投融资等各类金融服务的新兴金融业态。虽然当前"互联网+金融"仍处于不断创新和探索之中,许多特性和影响都没有充分显露出来,其内涵和边界的定义也需要根据其发展情况不断地丰富和扩展。但可以确定的是,在未来"互联网+金融"必将成为我国多层次金融体制创新的中流砥柱,为人们的生产生活带来积极深远的影响。

二、"互联网+金融"的本质特征

关于互联网金融的本质究竟是一种新的金融模式("颠覆观"),还是互联网技术在金融领域的应用("渠道观"),学界仍旧存在分歧。"颠覆观"认为互联网金融使得金融功能的效率大大提高,交易可能性边界得以拓展,互联网本身可以理解为一种金融市场,能够实现去中介化,是一种新金融模式。"渠道观"则认为,互联网金融是各种金融业务与现代 IT、Web 技术的有机结合,其影响仅仅是让传统金融采用新的技术和业务模式。欧阳日辉(2015)[②]从金融机构和金融业态两个维度对"互联网+金

---

① 袁博,李永刚,张逸龙.互联网金融发展对中国商业银行的影响及对策分析[J].金融理论与实践,2013(12):66-70.

② 欧阳日辉.互联网金融监管:自律、包容与创新[M].北京:经济科学出版社,2015.

融"的本质进行了更加清晰的界定。在这一框架中,"互联网＋金融"被划分为四种类型:其一是传统金融机构开展的传统业务形态(A),如网上银行;第二是非传统金融机构开展的传统业务形态(B),如设立资金池的 P2P 平台;第三是传统金融机构开展的创新型金融业务(C),如平安和中信银行利用大数据技术开展的网上贷款业务;第四是非传统金融机构开展的创新性业务形态(D),如众筹、第三方支付等。根据对于"互联网＋金融"的上述划分,互联网金融这一概念可以从大到小分三个层次来界定。最为广义的互联网金融就是"互联网＋金融",包括 A、B、C、D 四部分。第二层次是所谓"狭义的互联网金融",又有两种界定角度:一是把非传统金融机构通过互联网开展的金融业务都界定为互联网金融,包括 D 和 B 两部分;二是把凡是使用大数据等互联网新技术的金融业务都称为互联网金融,包括 C 和 D 两部分。第三层次是最核心、最典型的互联网金融,仅指非传统金融机构利用大数据等新技术从事的创新金融业务。概括起来,当前"互联网＋金融"主要体现出以下几个特征。

(一)创新性

"互联网＋金融"的产生和发展就是一个不断创新的过程,一方面大数据、云计算等技术不断创新,为"互联网＋金融"提供了新的实现途径和技术手段。另一方面在"互联网＋"背景下,新兴互联网产业与传统产业深度融合,也催生了第三方支付、农村金融、供应链金融等新兴金融模式,这都充分体现了"互联网＋金融"的创新特性。

(二)跨界融合性

互联网金融自产生之初就具备了互联网与金融两个领域的双重特点,在其不断发展的过程中,第三方支付、众筹等模式更实现了商品交易、生活社交与投融资的跨界融合。

(三)高效性

"互联网+金融"的高效性主要体现在以下三方面:一是吸收小额闲散资金高效,传统金融行业有利于吸收大额资金,而"互联网+金融"以其广泛的网络渠道和便捷的支付结算方式,有效吸收社会小额闲散资金,形成高效稳定的资金流;二是资源配置高效,"互联网+金融"以信息技术打破了地域和不同机构对于市场的分割,并以其对于海量数据的挖掘分析实现资源的高效配置;三是信息管理高效,"互联网+金融"通过大数据、云计算等技术提高信息处理效率和准确度,同时有效降低管理成本。

(四)平等性

"互联网+金融"不仅畅通了金融信息渠道,降低信息不对称,使中小企业和个人能够准确快捷地获取信息,同时也降低了投融资门槛,使人人都能获得平等的金融服务。

三、我国金融扶贫状况

(一)我国金融扶贫政策概述

我国自1986年开始就有组织、有计划地大规模开展农村扶贫开发工作,财政扶贫、信贷扶贫、以工代赈等共同组成了国家扶贫开发的主要框架。1994年"八七"扶贫攻坚计划中提出"信贷优惠政策",《中国农村扶贫开发纲要(2001—2010)》提出"继续安排并增加扶贫贷款",《中国农村扶贫开发纲要(2011—2020)》提出"扶贫金融服务"概念,2016年3月中国人民银行设立"扶贫再贷款"。在我国的扶贫进程中,金融扶贫政策从单一的"项目信贷优惠政策"逐步发展为"与财政相结合",再到包括农村保险、农村信用体系等在内的综合性"农村金融服务",农村金融扶贫政策不断完善,农村金融扶贫体系日益健全。

(二)农村金融服务现状

根据中国人民银行(2016)[①]的统计,截止到2015年末,我国农村地区人口数量为9.3亿,农村地区银行网点数量为12.17万个,平均每万人拥有银行网点1.31个,平均每个县级行政区拥有银行网点55.12个,每个乡级行政区拥有银行网点3.75个,每个村级行政区拥有银行网点0.22个。其中,农信社网点基本延伸到乡镇和部分行政村,邮储银行和农业银行在县城和较大的乡镇设有机构,保险机构一般设在县城,其他金融机构大多集中在县级及以上单位。

而当前我国5000多万贫困人口,主要分布在中西部少数民族地区、革命老区、边疆地区和自然条件恶劣地区。我国贫困地区涉及范围广,人口多,基础设施普遍较为落后,产业结构单一,多数贫困地区群众的生产生活还处于靠天吃饭的自然经济状态,部分农民依靠救济生活,地区生产力发展水平低,经济基础十分薄弱,市场发育程度较差,致使金融扶贫存在诸多困难。

第二节 "互联网+金融"与精准扶贫的关系

一、"互联网+金融"与精准扶贫相关研究

当前关于"互联网+金融"实现精准扶贫的研究较少,相关文献主要集中在以下几个方面。在互联网金融方面,谢平、邹传伟(2012)[②]提出了互联网金融模式的概念,并对其支付方式、信

---

① 中国人民银行.2015农村地区支付业务发展总体情况[EB/OL]. http://www.pbc.gov.cn/goutongjiaoliu/113456/113469/3039210/index.html,2016-03-28.
② 谢平,邹传伟.互联网金融模式研究[J].金融研究,2012(12):11-22.

第七章 "互联网+金融"精准扶贫模式与路径

息处理和资源配置进行了深入研究。郑联盛(2014)①将互联网金融与传统金融进行对比,分析研究了互联网金融的模式、影响、本质与风险。在金融扶贫研究方面,郭威(2013)②在总结金融扶贫基本经验的基础上,分析了农村金融扶贫存在的基层金融机构无法满足农村实际需求、农村信用环境较差、农户信贷获取难度大等几个困境,提出了从多个层次完善金融供给体系、创新县域金融政策、互助金组织项目等建议。张永亮、肖毅敏(2014)③通过梳理自1986年以来的农村扶贫开发金融政策,认为农村扶贫开发的金融支持主要存在机构短缺,服务短腿,贷款成本高、流量小,环境欠优四个困境,并针对性地从产品、政策、服务、制度四个角度提出了创新意见。郭兴平(2013)④对于新形势下金融扶贫的形势、问题和路径进行了研究,认为我国金融扶贫虽取得了一定的成效,但任务依然艰巨,存在模式单一、环境欠优、各部门协调性不足等问题,提出了创新金融扶贫模式、发挥协同作用、提高服务水平等解决路径。王瑱(2008)⑤总结了我国金融扶贫存在的问题和贫困地区金融需求特点,并在此基础上对传统金融扶贫提出了有针对性建议。在新兴互联网金融扶贫方面,周强(2015)⑥基于"宜农贷"分析了我国金融扶贫

---

① 郑联盛.中国互联网金融:模式、影响、本质与风险[J].国际经济评论,2014(5):103-118.

② 郭威.我国农村金融扶贫的困境与对策[J].河北金融,2013(10):24-26.

③ 张永亮,肖毅敏.农村扶贫开发的金融支持创新[J].湖南社会科学,2014(3):162-164.

④ 郭兴平.新形势的金融扶贫:形势、问题和路径[J].农村金融研究,2013(3):12-16.

⑤ 王瑱.改善我国贫困地区农村金融服务的几点思路[J].金融与经济,2008(11):79-81.

⑥ 周强."互联网+"时代我国金融扶贫创新模式及其保障机制探析——基于"宜农贷"模式的案例研究[C].北京:中国软科学研究会,2015:259.

的创新模式和保障机制。吴霞(2015)[①]就私募债、众筹、P2P等新兴金融扶贫模式进行了调查和分析,并提出相关发展建议。于靖园(2015)[②]以"1017"扶贫基金为切入点,论述了金融与脱贫的关系,并以江阴市为例介绍了互联网金融扶贫的成功经验。这些文献大多从传统金融扶贫角度出发,基于粗放式扶贫进行分析,并未涉及精准扶贫理念。

二、"互联网＋金融"与精准扶贫的关系

(一)"互联网＋金融"助推精准扶贫的实现

将"互联网＋金融"运用于精准扶贫,可以通过大数据、云计算等手段实现精准识别、精准管理,利用互联网高效吸引资金、优化资源配置,同时以"互联网＋金融"的跨界融合特性实现对贫困群众全方位、个性化的精准帮扶,从多个方面提升扶贫工作的精度和效率,助推精准扶贫精准脱贫的实现。

(二)精准扶贫促进"互联网＋金融"的健康发展

将贫困地区需求与"互联网＋金融"对接,可以充分挖掘潜力巨大的贫困地区金融蓝海市场,大幅拓展"互联网＋金融"的业务范围。同时,精准扶贫的各项政策和监管机制也有助于促进"互联网＋金融"的健康可持续发展。

可见,"互联网＋金融"与精准扶贫二者相辅相成,相互促进。将"互联网＋金融"运用于精准扶贫,可以加快我国现代金融的普惠进程。"互联网＋金融"在助推电商扶贫、生态扶贫、旅游扶贫的进程中,也将为我国绿色金融的发展提供有益探索。

---

① 吴霞.新型金融扶贫模式力促贫困地区产业发展[J].金融世界,2015(12):62-65.

② 于靖园.金融扶贫创新路[J].小康,2015(23):74-75.

第三节 "互联网＋金融"助推精准扶贫的发展目标

将"互联网＋金融"运用于电子商务精准扶贫,首先要明确目标任务,以目标为导向把互联网的创新成果与扶贫脱贫深度融合,在解决传统金融扶贫问题的基础上,推动技术进步、效率提升和组织变革,提升扶贫脱贫的创造力与实效性,形成更广泛的以互联网为基础设施和创新要素的精准扶贫、精准脱贫新形态。

一、加快农村"互联网＋金融扶贫"的基础建设,为电子商务精准扶贫打下坚实基础

一是推进网络基础设施建设,尽快夯实农村互联网金融基础,补齐贫困地区的信息"短板";二是加快发展以农村小额贷款为重点的金融服务,积极发展农民理财业务,提高农民财产性收入;三是依托互联网真实交易数据,对农民、农户进行有效增信,加快农村 P2P 平台建设,加快农村消费金融发展;四是发展农业众筹等新模式,着力转变农村资金流向。鼓励发展众筹等新模式,吸引城镇资金直接流入"三农"发展所急需的领域。依托大数据、风控和检测管理等手段,有效打破资金流出农村的传统格局。

二、探索农村"互联网＋金融扶贫"的创新模式,为电子商务精准扶贫提供强大动力

一是探索通过互联网打造农业金融扶贫服务平台,创新"互联网＋金融扶贫"的电子商务帮扶新模式,联动扶贫部门、低收入农户、金融机构、电子商务企业,构建帮扶产业生态体系,形成帮扶投资正循环,真正做到精准扶贫;二是利用大数据实现电子商务精准扶贫的全过程高效精准;三是打破农村资源单向流动的困境。

三、构建农村"互联网＋金融扶贫"的制度保障,为电子商务精准扶贫保驾护航

一是以市场为导向,加快金融市场开放,跳出政策性金融扶贫以政府为主的模式,在为"三农"提供金融扶贫服务的同时获得合理的商业回报,实现农村互联网金融扶贫的健康发展;二是依托互联网、大数据等为农民提供新型金融服务,加快农村金融领域对社会资本开放进程,鼓励社会资本进入农村;三是鼓励为传统电商提供金融等服务,在为农村提供商品服务的同时,加快农村互联网金融的产品创新、模式创新,充分发挥互联网金融多样化、个性化等方面的突出优势,做大农村金融市场;四是鼓励新一代农民参与农村互联网金融创新创业,从当地特点和优势出发,选择适合当地特点的新型金融形态,推进创新创业,带动贫困地区增收致富。

四、完善农村"互联网＋金融扶贫"的监管体系,为电子商务精准扶贫提供安全保障

一是建立清晰统一的农村"互联网＋金融扶贫"的监管体系,保证互联网金融机构资金安全、信息安全和防范可能带来潜在风险隐患,对农村互联网金融这个新生事物,要在鼓励发展的基础上做好监管。对农村互联网金融的监管要以市场开放为基础,以事中事后监管为主,在构建有效监管体系的基础上防范系统性金融风险。二是加快立法,规范农村"互联网＋金融扶贫"

的发展,从法律层面明确农村"互联网＋金融扶贫"的地位,通过立法规范"互联网＋金融扶贫"的发展,厘清农村"互联网＋金融扶贫"的发展方向、主体地位、业务范畴、监管体制机制等,对互联网金融机构进行规范和引导。三是规范市场秩序,保护市场主体的合法权益。四是加快推进农村结构性改革。农村"互联网＋金融扶贫"发展,牵动影响农村、农业和农民发展全局,夯实农村"互联网＋金融扶贫"发展基础,要求加快农村结构性改革,加快农村信用体系建设,加快建立大数据征信、风控与监测机制,为农村互联网金融健康发展保驾护航。五是健全互联网金融人才培养体系。支持金融业和互联网产业整合智力资源,开展跨界结合的学术研究、交流合作和培训活动。鼓励互联网金融企业、金融机构和科研机构通过组建博士后工作站、研究智囊机构等方式,开展互联网金融创新研究,加快培养创新型金融人才。

第四节 "互联网＋金融"助推精准扶贫的主要模式

一、P2P 网络小额信贷扶贫模式分析

自 1983 年穆罕默德·尤努斯创办了格莱珉银行以来,小额信贷机构扶贫模式很快在世界各国尤其是发展中国家推广开来,较为有效地满足了贫困地区农户的资金需求,在一定程度上缓解了农村贫困。然而在其不断发展的过程中,信贷机构资金来源不足、信贷目标群体瞄准机制难以准确把握、运营成本较高等问题逐渐暴露出来。

美国的 KIVA 模式则最先将互联网与小额信贷相结合运用于扶贫等公益事业。2005 年成立的 KIVA 是一个非营利的

P2P贷款网站,主要为发展中国家的创业者提供小额贷款,以实现消除贫困的目标。KIVA基于世界各地合伙人的组织结构,"批量借出人＋小额贷款"模式以及网络信息透明化运作的模式很好地克服了传统小额信贷机构扶贫模式的弊端。在此,主要分析将P2P网络小额信贷运用于我国扶贫实践的典型案例——"宜农贷"模式[①]。

宜信公司将互联网技术与小额贷款扶贫模式有机结合,打造出"宜农贷"P2P公益助农平台,将城市人口的闲余资金与贫困地区信用良好、有劳动能力和创业梦想的20～60岁农村妇女的借款需求进行对接,突破原有以捐赠方式为主的"输血"式扶贫模式,以借贷方式实现"造血"式扶贫,既解决了贫困地区金融服务落后和资金短缺的问题,同时又避免了贫困地区群众"等、靠、要"的依赖心理,充分激发出贫困地区群众脱贫致富的热情,实现了物质扶贫和精神扶贫的双赢。

"宜农贷"作为P2P网络小额信贷平台,不吸储、不放贷,主要从事信息中介服务。宜信公司选择贫困地区合适的公益性小额信贷公司开展合作,由线下信贷机构专业的信贷员审核筛选贫困地区农村妇女项目,并识别项目风险、收集农户信息、帮助农户建组、普及金融知识、执行放款收款,将农户及项目信息上传到"宜农贷"平台上,展示给社会公众。有爱心的城市出借人可以选择农户进行一对一帮扶,最低出借门槛仅为100元,只需5分钟即可完成支付,约每10位爱心出借人共同帮扶一户贫困群众。助农平台及出借人本身不以赢利为目的,出借人只收取2%的爱心回报,助农平台象征性地收取1%的服务费,当地小

---

① 中国人民银行农村金融服务研究小组."宜农贷"金融扶贫模式[J].中国金融,2015(15):48.

第七章 "互联网＋金融"精准扶贫模式与路径

额信贷机构收取少量服务费。"宜农贷"平台具体运作模式如图7-1所示。

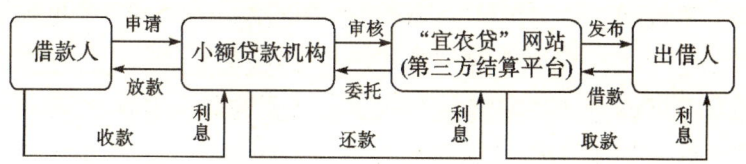

图 7-1 "宜农贷"运作模式图

为确保资金的扶贫公益性质，"宜农贷"每笔贷款金额在3000～20000元之间。为更好地保障爱心出借人的权益，在保证"一对一"出借透明运作的同时，"宜农贷"也采取了相应的风险控制措施。一是采取"五户联保"模式，通过项目合理组合，确定五个农户作为一个整体，其中一户无法偿还贷款时，其他四个农户要承担相应的还款责任；二是助农平台对于贫困地区合作的小贷机构有着严格的审查和监督标准；三是平台将农户的借款需求拆分成若干份，由多位爱心出借人共同提供信贷资金以分散风险，当借款人无法按时还款时，可有效减少爱心出借人的损失；四是一旦遭遇自然灾害等不可抗力，或经信贷机构重重风险把控农户仍无法还款时，小额信贷机构将替农户还款给爱心出借人。

"宜农贷"公益助农平台不断创新，不断完善，在互联网金融扶贫方面取得了突出的成绩，截至2016年6月，"宜农贷"已经与陕西西乡、河南虞城、青海大通、甘肃定西、福建屏南等24家优秀的农村小额信贷机构建立了合作关系，16万多名爱心出借人陆续加入"宜农贷"助农平台，累计出借金额超过1.9亿元，惠及了1.9万多个农户①。

---

① 中国农业信息网.宜信"宜农贷"在贵德的普惠金融探索[EB/OL]. http://www.agri.cn/V20/SC/jjps/201607/t20160715_5208221.htm, 2016-07-15.

二、网络众筹扶贫模式分析

习近平总书记在精准扶贫基本措施的"五个一批"中提到要"发展生产脱贫一批",通过扶贫产业开发,帮助贫困户全面提升自我发展能力,使每户都有一项以上增收致富的主业,掌握一门以上就业创业技能,实现稳定脱贫。然而在扶贫工作实际开展过程中,受到资金、技术、能力限制,贫困地区产业发展存在诸多困难,产业扶贫难以实现。山西省武乡县大河西村将线上网络众筹与线下旅游产业发展相结合,取得了良好的成效,其创新模式值得借鉴和推广。

山西省长治市北部的武乡县是国家级贫困县,当地风景秀丽,旅游资源丰富,但一直没有得到很好的开发。2015年,武乡县大河西村被列入国家乡村旅游扶贫重点村,该地乡村旅游项目迎来了千载难逢的发展机遇。结合大河西村独特的地理、资源情况进行科学规划和预算,该村旅游分为浊漳河激情漂流、"魔术村"红色旅游、生态农业休闲采摘和农家乐四个板块,项目总投资为470万元。通过政府财政扶持和各方努力,共筹集资金370万元,仍有100万元的资金缺口。经当地证监局推荐,武乡县人民政府与刚注册不久的山西高新普惠资本投资服务有限公司合作,以互联网金融新兴的众筹形式向热心公益事业的大众筹资。

在大众创业、万众创新的大背景下,2015年2月山西省投资基金业协会和太原高新区管委会联合推动组建了互联网众筹平台——高新普惠众筹平台,开展互联网众筹融资业务试点,旨在缓解中小微企业融资难的问题。大河西村向高新普惠众筹平台提出融资需求后,立即得到了众筹平台的响应。经过对项目的综合分析和实地考察,众筹平台不仅为该村的旅游项目规划提出了进一步完善的发展建议,还根据项目情况研发出两个各50万元的众筹融资产品,通过平台融资补齐资金缺口。两个众筹融资产品,一个是武乡县大河西旅游农业扶贫项目投资产品,按年化利率8%的现金回报+年化利率12%等值农副产品回报,每半年支付一次利息,三年到期一次性收回本金;一个是武乡县大河西旅游农业扶贫项目回报产品,按照年化利率40%等值旅游体验及农副产品分三年等额本息付清。2015年4月20日,武乡县大河西村扶贫项目作为高新普惠众筹平台首批融资项目,随平台上线仪式正式启动融资,仪式当场便完成50万元融资任务,当天就全部完成了100万元的融资计划。

该众筹项目的成功主要有以下三个原因:一是扶贫项目融资门槛不高。融资初始额度从几百到几千元不等,易于普通大众接受,通过网络众筹平台,社会各界爱心人士都可以参与,充分调动了全社会的力量。二是"利息+实物"模式实现双赢。认购者可以自主选择扶贫项目给予的当地农副产品或旅游体验作为回报,提高了大众参与众筹的积极性,也提升了众筹项目的用户体验。而对于贫困地区来说,以实物作为回报也为当地农产品和旅游业打开了销路,提高了扶贫项目和产品的知名度,为后期发展奠定基础。三是严格的风险控制。众筹平台在事前进行了专业的考察和评估,当地政府也设立了20万元的风险准备金,并对于项目实施和运营的各个环节作出相应的风险管理规划,为众筹项目做出了全方位的保障。

互联网众筹扶贫模式不仅为大河西村解决了项目融资难题,也通过网络等新媒体对项目进行了全方位的推广和宣传,打响了品牌知名度,更为当地乡政府、村委会及贫困群众引入金融、创新的知识和理念,实现了筹资、筹人、筹智的有机统一,产生了贫困地区、融资平台、社会大众三方共赢的效果。

三、构建普惠金融扶贫体系的路径探析

党的十八届三中全会明确提出要发展普惠金融,为加大金融支持扶贫开发力度、改善贫困地区金融服务面貌指明了方向。

(一)政策扶持多元化

综合运用多种货币政策工具,加大对贫困地区普惠金融发展的政策支持。建立金融扶贫合作机制,探索建立金融扶贫主办行制度,着力推进精准扶贫,加快构建全方位的普惠金融扶贫体系。充分发挥支农再贷款、再贴现等货币政策工具的优势,将新增再贷款额度向贫困县倾斜,优先满足贫困地区涉农企业资金需求。

(二)资金投入多元化

财政与信贷资金有效结合,促进形成普惠信贷资金投入方式。鼓励创业投资引导基金与境内外股权投资机构、金融机构、产学研联盟合作,发起设立互联网金融创投基金,重点投向初创期、成长期的互联网金融企业。创新科技研发资金的投入方式,通过贷款贴息、科技保险、股权投资等资助方式,引导金融资源和社会资本加大对互联网金融的投入。

(三)服务体系多元化

稳步推进农村新型金融机构发展,不断健全片区普惠金融服务体系。金融基础服务体系与金融组织体系创新同步发展。按照"户户有银行卡、村村有POS机、镇镇有ATM机、县县有刷卡无障碍示范街"的标准,合理布放ATM、POS机、转账电话等现代化支付机具,全面启动了农民用卡特色服务工作,有效拓宽贫困地区支付结算渠道,构建较为完善的城乡一体化支付结算体系。强力推进"银行卡+POS"模式的农村金融服务站点建设,在贫困地区基本实现金融服务乡镇全覆盖、银行卡助农取款

行政村全覆盖和反假知识宣传站行政村全覆盖。积极推进农村信用体系建设,加快"信用村组"、"信用乡镇"和"信用农户"评定,推动金融机构在同等条件下对信用农户实行贷款优先、手续简便、额度放宽、服务优先,使农户真正享受到信用环境改善带来的实实在在的效益。

(四)信贷产品多元化

创新推广普惠扶贫信贷模式,缓解贫困地区融资难问题。加强与扶贫、财政等部门的协作,通过财政出资设立扶贫贷款担保基金、贴息资金、奖励基金等方式,鼓励金融机构贴近贫困地区企业和贫困人口的金融需求特点,积极创新扶贫贷款模式和服务方式。

(五)保障措施多元化

建立政银合作扶贫机制,凝聚片区普惠金融发展合力。积极引导建立大型银行与贫困地区农村中小金融机构之间的对口帮扶与合作机制,鼓励大型银行结合业务特点,在贫困地区选择若干县区进行对口帮扶,按照商业化原则向选定县区中小金融机构提供资金批发、金融产品及技术,再由后者向区域内企业和农户提供信贷及服务,保障贫困地区弱势群体平等享受金融服务权利。

第五节 "互联网+金融"助推精准扶贫的对策建议

一、加强网络基础设施建设,打破信息壁垒

当前,农村互联网金融发展还面临多方面的挑战,尤其是农村网络基础薄弱、环境欠优,这就需要大力加强农村网络基础设

施建设,补齐农村信息"短板"。一方面要借助"宽带中国"的战略实施方案,重点解决宽带"村村通"问题,加快研发和推广适合农民特点的低成本智能移动终端,做好农村互联网科普工作,提高农村的信息化水平,为农村互联网金融发展和信息化精准管理创造基础。另一方面,要在贫困村、贫困户建档立卡的基础上,建立健全金融精准扶贫信息平台和数据库,打破信息壁垒,实现扶贫建档信息共享,搭建互联网金融与贫困地区之间"最后一公里"的桥梁。

推动金融业依托互联网转型升级。支持符合条件的各类机构依法发起设立网络银行、网络保险、网络证券和网络基金销售等以互联网为运营载体和销售渠道的创新型网络金融机构。支持金融机构与互联网企业开展多元化合作,创新产品服务和商业模式,培育衍生新型互联网金融业态。鼓励金融机构利用互联网云计算、移动通信、大数据等技术手段,改变传统金融的运营模式和体制机制,全面提升服务广度和深度。

二、以市场为导向,构建多方参与新格局

要坚持以市场为导向,根据不同主体的职能和优势,填补贫困地区金融服务空白,构建多方参与的精准扶贫新格局。各级政府应充分发挥统筹协调作用,深入调查研究当地实际情况,保证扶贫项目安排精准,并以此为基础搭建金融机构、互联网企业和贫困地区农户的合作平台。各类金融机构和互联网金融企业也应充分发挥创新主体作用,依托互联网金融多样化、个性化等突出特点,开发适合贫困地区情况的"私人定制化"金融产品,实现措施到户精准和资金使用精准。同时,要鼓励新一代农民充分发挥自身优势,参与农村互联网金融创新创业,抓住农村互联网金融发展的新机遇,激发贫困地区农民脱贫致富的内在动力。

拓宽互联网企业进入金融领域渠道。支持互联网企业依法发起设立或参股商业银行、证券、基金、期货、保险、消费金融、汽车金融、金融租赁和金融电商等各类金融机构。支持互联网企业通过发起设立、并购重组等方式控股或参股小额贷款、融资担保、融资租赁、典当投资、股权投资、要素平台等新型金融机构。支持互联网企业依托互联网技术和线上、线下资源优势,发起或参与设立第三方支付、移动支付、众筹融资、电商金融等机构。

鼓励互联网金融开展业务创新。支持互联网金融企业探索建立面向中小微型企业线上、线下的多层次投融资服务体系,在融资规模、周期、成本等方面提供更具针对性和灵活性的产品与服务。支持第三方支付机构与金融机构共同搭建安全、高效的在线支付平台,开展在线支付、跨境支付、移动支付等业务。支持互联网金融企业开发各种货币基金类金融理财产品,满足多元化投资需求。鼓励电商机构自建和完善线上金融服务体系,有效拓展电商供应链业务。推动P2P、众筹融资等金融信用中介服务平台规范发展,拓宽金融服务体系。

三、搭建众筹平台,畅通资源流动渠道

长期以来,自然资源、劳动力、资本等都是从农村向城市单向流动,在城镇化不断加快的同时,城乡差距也不断扩大。因此要搭建公益性扶贫众筹平台,展示贫困地区群众项目情况和资金、技术需求,激发社会公众对于公益和扶贫助贫的热情。通过信息流、资金流、商品流的整合和对接,带动产供销全流程,打破农村资源单向流动困境。以互联网的广阔平台吸引更多资金从城市流向农村,同时将城市的人才、知识更好地在农村运用,实现物质扶贫与知识扶贫的统一。

拓展互联网金融企业的融资渠道。加大对互联网金融企业

的上市辅导培育力度,鼓励更多符合条件的优质企业上市融资。支持互联网金融企业探索资产证券化业务,通过前海股权交易中心、金融资产交易所等要素平台发行新型金融产品,拓宽资金来源渠道。

发展互联网金融产业链联盟。支持互联网金融企业与金融机构、创业投资机构、产业投资基金深度合作,整合资源优势,结成互联网金融产业链联盟。支持互联网金融产业链联盟发起设立产业基金、并购基金和风险补偿基金,以满足互联网金融企业不同阶段、不同层次的资金需求。

完善互联网金融服务支持体系。支持商业银行、信托投资和金融租赁等机构与互联网金融企业的业务合作,探索开展第三方资金托管、质押融资贷款等业务。支持保险机构开展符合互联网交易需要的履约保证保险业务和其他保险模式。支持证券、基金期货类机构加大与互联网金融企业的合作,拓宽金融产品的销售渠道,创新财富管理模式。支持小额贷款、融资担保等机构与互联网金融企业开展业务合作,实现商业模式创新。

创新财政资金对互联网金融投入方式。鼓励创业投资引导基金与境内外股权投资机构、金融机构、产学研联盟合作,发起设立互联网金融创投基金,重点投向初创期、成长期的互联网金融企业。创新市科技研发资金的投入方式,通过贷款贴息、科技保险、股权投资等资助方式,引导金融资源和社会资本加大对互联网金融的投入。

四、加快立法,建立健全农村互联网金融监管体系,实现精准考核

科学的法律法规和严密的监管体系是"互联网＋农村金融"扶贫模式实现精准考核的关键,更是农村互联网金融有效防范风险,实现健康可持续发展的保障。对于涉及农村互联网金融扶贫的项目,要建立起一套科学严密的精准考核标准,切实保证精准扶贫、精准脱贫取得实效。在法律层面,应加快立法,明确农村互联网金融的主体地位、业务范畴、监管体制机制等,根据其发展情况及时更新司法解释,在鼓励创新的同时,规范和引导农村互联网金融的发展。在监管层面,要建立起统一明晰的监管体系,明确监管主体和责权划分,实行多部门联动的统一监管。在适当降低准入门槛,促进市场开放和良性竞争的同时,不断加强事中、事后的监管,保障农村互联网金融机构的资金安全和信息安全,有效降低风险。

第八章 "互联网+教育"精准扶贫模式与路径

教育落后是我国贫困地区的共同特征,也是导致贫困的根源,要想帮助贫困地区早日脱贫,必须重视农村教育,改善农村教育落后的状况。因此,教育扶贫被赋予了"阻断贫困代际传递"的使命,被认为是最根本的精准扶贫。"互联网+"行动计划的提出,使得传统行业看到了在互联网时代下的广阔发展前景,也为精准扶贫提供了新的视角。目前教育被普遍认为是未来"互联网+"行业最受关注的领域。在2015年政府工作报告中,李克强总理提到:"为切实把教育事业办好,我们要保证投入,花好每一分钱,畅通农村和贫困地区学子纵向流动的渠道,让每个人都有机会通过教育改变自身命运。"报告一经发表,立即引起社会各界关注。有数据显示,我国在线教育市场规模正以每年30%以上的速度增长,在线教育会对现代传统校园教育带来强大冲击,学校不重视在线教育会处于很被动的地位。

第一节 "互联网+教育"概述

一、认识"互联网+教育"

通俗来讲,"互联网+教育"就是利用互联网平台和信息通信技术,让互联网与传统教育行业进行深度融合,以创造和发展教育新生态①。互联网成为变革传统教育的一大契机,但它只是对传统教育的改造升级,其目的不是去颠覆传统教育,更不是颠覆当前学校的体制。在云计算、大数据、移动互联等技术优势的基础上,再加上"免费使用"的互联网思维,互联网犹如一场海啸,席卷整个教育领域,掀起了一场教育改革的浪潮。"互联网+教育"模式下的人机交互、人工智能不仅变革了教育技术,对原有的教育体制、教育观念、教学方式、人才培养也是一次深层次的影响。

"互联网+教育"形成智慧教育②。在"互联网+"的时代,一所学校、一个教师、一间教室的传统教育模式在改变;一张网、一个移动终端,几百万学生,学校、教师由你选的新的教育模式不断涌现,这就是"互联网+教育"的魅力。微课、Mooc(慕课)、翻转课堂、智慧教育,都是"互联网+教育"模式下所形成的新的教学形式与方法。互联网教育的本质是为了更加有效地实施教学和学习活动,师生在网络和技术的支持下,在师生分离状态下实行的一种新型教育形式。

国内学者对"互联网+教育"进行了大量研究,并从不同的角度对其进行了定义。李碧武(2015)③认为"互联网+教育"是在尊重教育本质特性的基础上,用互联网思维及行为模式重塑教育教学模式、内容、工具、方法的过程。他认为"互联网+教育"从本质上看,是对传统教育的重构,从应用形态上来看,"互联网+教育",既包括教育管理信息化,涉及社会和生活、科技和文化的多元化课程,还包括借助互联网平台的教学方式和依托

---

① 豆俊杰,王强."互联网+教育":冰火两重天[N].中国教育报,2015-05-04.
② 杨檎."互联网+教育"构建智慧教育生态圈[N].绵阳日报,2015-04-20.
③ 李碧武."互联网+教育"的冷思考[J].中国信息技术教育,2015(17):96-99.

互联网的在线学习,这些优势是传统教育方式所无法比拟的。平和光和杜亚丽(2016)①认为"互联网+教育"就是利用信息通信技术和互联网平台,让互联网与传统教育进行深度交汇融合,以创造和发展教育新生态。朱月翠和张文德(2015)②将"互联网+教育"定义为教育在线化、数据化、可视化、自主化、个性化;教育资源无所不在,学生可以按需动态索取;教与学模式发生变革,泛在学习、互动学习成为主流;教育管理数据化、可视化、智能化,使决策更精准、科学。总而言之,"互联网+教育"不是简单地把互联网套在传统教育的躯壳上,而是把互联网的理念浇灌和渗透到教育的最深处,催生出新的教育模式和方法。

二、"互联网+教育"给传统教育发展带来新机遇

(一)教育资源优化配置,促进教育更加公平

教育资源配置是指各种教育资源,包括人力、财力、物力、信息、时空、权利、文化、政策、制度、关系等,在不同使用方向之间的优化分配,以期投入的教育资源能够得到充分有效的使用③。由此可以看出,教育资源配置最终追求的依然是效率和公平。教育资源具有复杂性、碎片化特点,而作为教育资源配置的一种新型方式,"互联网+教育"可以使配置达到最大优化和公开化,提升教育资源的共享程度,促进教育公平。首先,"互联网+教育"可以最大化发挥已有的优质教育资源的价值和作用。因为

---

① 平和光,杜亚丽."互联网+教育":机遇、挑战与对策[J].现代教育管理,2016(01):13-18.

② 朱月翠,张文德."互联网+教育"基本模型探析[J].中国教育信息化,2015(19):12-15.

③ 李宜江.义务教育均衡发展的法律保障研究[M].芜湖:安徽师范大学出版社,2013:42.

通过互联网,可以让一位优秀教师去为成千上万的学生服务,而每个学生只需要一个移动终端并连接到互联网,就可以随意挑选心仪的授课教师。其次,"互联网+教育"可以加强跨地区、跨行业、跨时间的交流合作,促进资源的流动与共享,不仅可以丰富资源的内容,减少资源的低水平利用,还可以缩小甚至消除传统教育因时空、地域和师资力量上的差异所导致教育资源上的鸿沟,任何人在任何地方、任何时候,都能接触到同等量的优质资源。只有教育资源的配置达到均衡化和最优化,教育公平问题才会得到妥善解决,而在这个过程中,"互联网+"的角色不容小觑。

(二)尊重学生个体化差异,满足学生个性化需求

个性化教育将是"互联网+教育"的核心优势,也是在线教育未来的发展趋势。因为"互联网+教育"打破了传统教育的流水线模式,以学习者为中心的教育,尊重学生的个体差异性,满足学生的个性化需求,促进学生个性化学习体验,让学生真正成为教育中的主人。例如,通过"翻转课堂",学生可以根据自身的情况安排适合自己的学习计划和进度,在学习的过程中,遇到不懂的可以反复观看教师的讲解,遇到疑惑可以停下来思考,甚至可以在线寻求教师和同学的帮助。总之,"互联网+教育"的课程设计是根据学习者的实际情况来推荐,这种个性化的服务模式让学习由"套餐"转变为"自助餐",让因材施教成为可能。

(三)突破学习时空限制,加快学习方式变革

"互联网+教育"推倒了传统意义上的"校园围墙",对已有的教育内容、模式、方法等进行了重新设计与组合,使教育资源得以充分流动,只要有一个移动终端与网络相连,任何人在任何时间、任何地点都可以进入"课堂"学习,校园围墙、课程表、作息时间表等都失去了存在的意义,教育从此没有了边界。在打破

地域限制上,自 2012 年国家实施"三通两平台"(宽带网络校校通、数字资源班班通、学习空间人人通,教育公共服务平台、教育信息化管理平台)建设以来,学校网络教学环境大幅改善,全国中小学校互联网接入率已达 87%,多媒体教室普及率达 80%;优质数字教育资源日益丰富,信息化教学日渐普及。"班班通"成效显著,"人人通"也实现新突破,这项工程使教育资源的流动突破了地域的限制,贫困落后地区的孩子通过该工程一样可以方便地接触到优质教育资源。传统教育限定学习者在固定时间、固定地点接受知识,学生只有一次聆听的机会,一旦错过就很难弥补,而自有了微课、慕课等学习方式,学生可以根据自己的情况来调控学习速度,可以随时跳过已经掌握的知识,也可以反复学习自己未掌握的知识,通过循序渐进的学习最终达成学习目标,从而使学习"随心所欲"。

(四)变革原有教学方式,丰富学科课程内容

如果说计算机是教育的新根,那么互联网则是教育的黑板。在"互联网+教育"全新的大环境中,互联网教学资源、系统、平台、软件或视频等将改变原有传统教学理念和教学手段,促使传统教学发生革命性的变化。"互联网+教育"突破了传统教学方法的框架限制,使交互式学习变为可能,即通过"互联网+教育"创造出一种信息共享、交流互助、互动合作的交互式学习环境,从而实现在线教学、在线管理和在线交互式互动,克服时间和空间的限制,学习者在交互的过程中达到预期学习效果,而教师不再像传统教育中处于知识占有者的地位,他们更多是作为资源提供者,激发学生学习兴趣,通过互联网移动终端与学生进行实时互动,并根据学生的具体学习情况安排教学,在教学的过程中及时给予学生指导和反馈。除了师生互动之外,学生与学生之间也可以进行互动。比如,通过"手机+二维码"的方式将与教

学相关的学习资料发送到学习者的手机上,从而增加了教学信息的传递方式。总之,"互联网＋教育"使得教学效率大为提高,教学内容更加丰富,师生之间的交流互动得到加强,从而提高了教学质量和学习效果。

第二节 "互联网＋教育"与精准扶贫的关系

一、精准扶贫与教育的关系

多年来,我国在实施扶贫开发的过程中,主要集中在项目式扶贫、开发式扶贫、救济式扶贫等方式,为贫困地区的扶贫攻坚作出了巨大贡献。但不可否认的是,时过境迁,随着时代发展,这些方式都暴露出一定的弊端,不再适合当前的扶贫工作。如一些贫困户不愿意摘掉"贫困的帽子",散懒成疾、思想落后,借此"等、靠、要",年年扶贫年年贫,直接影响了国家扶贫工作的成效。习近平总书记多次强调:"弱鸟可望先飞,至贫可能先富,但能否实现'先飞'、'先富',首先要看头脑里有无这种意识,如果扶贫不扶志,扶贫的目的就难以达到,即使一度脱贫,也可能会再度返贫。"

授人以鱼,不如授人以渔。习近平总书记指出:"扶贫先扶志,扶贫必扶智,让贫困地区的孩子们接受良好教育,首先从志向与智力上脱贫,是扶贫开发的重要任务,也是阻断贫困代际传递的重要途径。"所以,加强扶贫工作,在"输血"的同时,更应注重给贫困对象"造血",特别是要让贫困对象从精神上脱贫,不能输掉人的基本尊严和志气,"人穷志不短",以"先富"为目标,树立脱贫致富的信心和勇气,靠积极创造性的劳动,实现脱贫致富奔小康①。

贫困地区贫困的根本原因在于落后的教育,在于滞后的思想观念。所以,加快贫困地区教育发展,对贫困地区实施教育"精准扶贫"战略,以发展教育"拔穷根",阻止"贫困代际传递",是顺利进入小康,实现共同富裕的基本前提和基础。

二、传统教育的优劣

我国传统教育文化博大精深,经历几千年的历史积淀。我国悠久的文化孕育了丰富独到的传统教育资源,传统教育是我们文化的一部分,直到现在它对我们现代教育仍有着承上启下的作用。传统教育有一些美好的思想:以人为本、爱国主义、吃苦耐劳、不怕牺牲、坚持不懈、追求真理的执着,以及修身治国平天下、诚信守信等等,这些美好的思想是我们传统文化以及传统教育的精华。

与此同时,传统文化还是一个复杂体。正如我们哲学上所说,任何事物都有两面性,任何事物都是一个矛盾体,它既对立又统一。传统文化也是一样,它既有精华,又有糟粕,既有积极的一面,也有消极的一面,它是这两种事物糅合在一起而产生的②。鉴于这些,我们就要取其精华,去其糟粕,开拓进取,用新的眼光去理解它,摒弃其中不适合时代的东西;同时,要面向世界,博采众长,在自我的基础上,广泛而又全面地汲取全人类的优秀文化成果,并且将孩子们可以接受的、符合孩子们身心发展规律的方式和载体呈现给他们,以此来吸引他们喜爱、眷恋自己的传统文化,做到在扬弃中继承,在继承中发展。

---

① 杨定玉,秦红平. 论教育"精准扶贫"[J]. 亚太教育,2016(5):112-113.
② 张龄. 中学生传统文化教育的现状及对策研究[D]. 华中师范大学,2006.

(一)传统教育的优势

传统教育在教学模式上有许多无法代替的优势,同时又经历了中华几千年的深厚积淀,在这一点上,先辈们给我们留下了很多丰富的课堂教学经验。

首先在于它能够更好地实现教师与学生之间的情感交流。教师在课堂上讲课时,他能够通过肢体语言和面部表情等与学生进行人性化交流,然后可以根据学生对讲课内容的接受程度随时对教学内容、方法作出相应的调整。这样一来,便可以帮助学生对所学知识加深印象,更好更有效率地学习。这种方法不仅有利于教师把握自己的课堂情况,而且有利于调动学生学习的积极性,可谓是一举两得。

其次在于教师在课堂上与学生面对面教授课程,可以随时增加与学生之间的互动,教师可以通过一些语言、手势、眼神等在思维上给学生带来一些启发或者诱导。留给学生更多的思考空间,让学生慢慢地去品味、咀嚼、消化。这样,也可以提高学生的思考能力,锻炼他们的思维。

(二)传统教育的劣势

传统教育就是应试教育,虽然在一定程度上为我国选拔了部分优秀人才,但是这种一纸定终身的理念已经暴露出许多弊端。比如,现行的传统教育过分强调记忆的重要性,甚至是"死记",极为不灵活,忽视了高水平应用和实际操作能力的培养。同时九年义务教育制度,无论哪一个科目,都只是重视知识的传授,而没有将学生的学习能力作为培养重点。此外,传统教育缺乏针对性,学生的个体差异没有被关注,自主学习能力偏差,应试教学偏多。不能定量分析,或者教师根本没能分配时间和精力去进行定量分析,学生的学习存在盲目性,并且面对困难的时候,难以通过自己找到突破口。因此,我国传统教育有着"重知识、轻技能,重理论、轻实践"的最大特点。教育界专家早已表示,这种"笨拙"的应试教育模式已经难以满足社会高速发展的需求,尤其是不利于贫困地区快速脱贫,应该找到一种创新的教育模式来指引我国教育的发展。

三、"互联网+教育"补齐传统教育"短板"

(一)非线性互联网教育,跳出时空限制

在传统教育中,学生在固定的时间到固定的场所听固定的教师讲授课程。这就要求学生在这段时间除了去上课就别无他法,有很大的时间地域局限性,因为其他人不会为了你而改变时间或地点。而在互联网教育中,学生可以非线性地进行学习,只要是在你喜欢的时间,喜欢的地点,只要能够联上互联网的终端设备,你就可以学习。别人可能是上午八点学习的哲学课程,而同样的一门课程你可能更喜欢在深夜学习,这完全没有问题,学习真正地成了一件自主的事情。

(二)互联网教育的开放与分享

"互联网+教育"的开放性意味着你不但可以成为学习者,而且可以成为教师。在互联网教育中你可以将自己打造的课程放到互联网上让别人来学习。分享,更多的时候意味着免费。的确,目前的很多东西都是免费的,最明显的就是各大知名学府的免费公开课,都是免费的,而且教授都是响当当的人物。例如,沙哈尔教授的《幸福学》就很受欢迎。

(三)真正的教育平等

因为互联网打破时空界限,打破某些限制性因素对教育的影响,使得贫困地区的学生也可以学习牛津、哈佛这些知名学府的课程,这在一定程度上的确是"真正"促进了教育的平等①。

第三节 "互联网+教育"助推精准扶贫的发展目标

现在大部分人对有关"互联网+教育"的理解存在偏差,认为"互联网+教育"仅仅只是在线教育。这种说法,片面理解了"互联网+教育",大大收缩了"互联网+教育"的外延与内涵,其实是误入了"+互联网"的思维模式。"互联网+教育"是在尊重传统教育本质特性的基础上,用互联网思维及行为模式重塑传统教育教学模式、内容、工具、方法的过程。"互联网+教育",从本质上看,是对传统教育从底层进行重构,从应用形态上来看,有"互联网+教育管理"、"互联网+课程"、"互联网+教学"等,绝非在线教育所能单独包容②。"互联网+教育",首先要建设满足互联网教育应用需要的信息化基础设施。教育部《教育信息化十年发展规划(2011—2020年)》出台后,各地自上而下开展了声势浩大的"三通两平台"建设,这些信息化基础设施的建成,为国家的"互联网+教育"打下了坚实的物质基础。从当前情况来看,"互联网+教育"建设应以以下几个方向为目标。

一、变革教育管理,实现"互联网+教育管理"

教育管理是管理者通过组织协调教育师资队伍,充分发挥教育人力、财力、物力等因素的作用,利用教育内部各种有利条件,高效率地实现教育管理目标的活动过程。教育管理信息化

---

① 刘东梅. 2013—2014年中国在线教育行业发展报告[R]. 艾瑞咨询,2014.
② 蔡伟. "互联网+"时代的教育变革[N]. 中国教育报,2015-04-09.

是指充分利用信息技术,开发利用教育管理信息资源,促进信息交流与共享,提高教育管理水平,推动教育改革与发展的历史进程。

"互联网+教育管理"在现阶段可等同于教育管理信息化。但在未来一段时间里,"互联网+教育管理"应该是更高形态、更高水平的教育管理信息化。目前的教育管理信息化,还处在典型的"教育管理+互联网"阶段,这是"互联网+教育管理"的初级阶段,基本表现为信息的网上发布、档案的电子归集,所谓的"无纸化办公",也只不过是将传统的信息由纸上加工简单地变为电脑加工而已,本质上没有变化,并未从管理科学的角度,依照系统论和互联网思维从底层重构管理流程。

如果用"互联网+"模式来改造传统的教育管理,首先应从底层,从基础数据层来构建管理模型,即从人员、校产、资源等所有构成教育体系的元素中采集数据,与云计算、物联网等技术平台,构成教育管理的基础平台。底层教育管理技术平台具备后,管理体系的重构将是不可避免的。这种重构包括管理机构的调整、管理层级的变革、管理制度的创新、管理流程的优化等。用一句话概括,就是:从底层技术平台依托(硬件层面)到人事制度(软件层面)都必须用互联网时代的行为模式来重塑。这才是"互联网+教育管理"的变革方向。

二、变革教师思维,实现"互联网+教师"

"互联网+教师",是互联网环境下教师如何适应新形态和应对新挑战的问题。这包括三个方面:一是教师的专业发展必须植入"互联网基因"。教师要具备互联网思维,掌握信息应用技术,提升信息技术教学技能。二是教师的教学组织形态要适应"互联网+"。要能够实现从固定时空教学到在线教学的模式转变,从单一教学模式到多种模式或混合教学模式的转变。三是"教学众筹"等新型教育行为模式会出现。通过互联网汇聚具有多种教学专长的各类教学人员,共同协作分工,从而完成某一大型教育教学项目的众筹模式,也许会成为未来教育新常态。教师通过互联网将自己的教学智慧和教学技能贡献给社会,可以使自己的教学影响力发挥到极致。

三、变革课程设计,实现"互联网+课程"

互联网将变革传统课程内容、课程外在形态、课程组织方式。由于互联网资源极其丰富,因此学校课程内容将被大大拓展,社会生活的方方面面、各领域前沿知识都将快速刷新目前正在开展的校园课程,并改变传统课程内容陈旧的状况。随着互联网技术的渗透,课程的外在封装形式会更先进、更立体;媒体化、可视化、智能化、交互性将成为互联网课程的特质,学习内容将更直观清晰、更具人性化;传统课程组织和教材编写过程过于封闭、冗长,在互联网中,课程单元的组织和编写将像维基百科一样,采取开放的组织形式,由一群具备相应资历并合法注册的专业人士,借助互联网平台,协作组织、编写、封装等,使得"互联网+课程"更全面、更科学、更多元。

四、优化传统教学,实现"互联网+教学"

依托互联网,教学可以不再局限于固定场所和固定时间。关键是,教学的外在形式和组织形态发生了根本变化,没有围墙的学校、没有课桌的教室、没有教师的课堂,都可以是"互联网+教学"的新型组成方式。另外,传统教学中由教师主导和主讲的形态,可以变成学生打破时空限制的自主学习,并充分利用互联网资源进行探究性学习,如翻转课堂等。在这样的组织形态下,可以实现教师的差异化教学和学生的个性化学习。

第四节 "互联网＋教育"助推精准扶贫的重点任务

一、完善偏远农村和欠发达地区教育基础设置

在欠发达地区特别是偏远地区和山区教育信息化硬件设施仍然薄弱,主要表现在三个方面:第一,教育经费投入相对不足。2015年,国家财政性教育经费为29221.45亿元,占GDP的4.26%[1],而21世纪初,世界财政性教育经费投入平均水平就达4.9%,发达国家为5.1%,欠发达国家为4.1%[2]。而相对于高等教育投入水平来说,在基础教育方面的投入又相差甚远,只占全部教育投入的2%[3]。第二,教育资源分配不均衡。相对而言,我国教育的投入重点是偏向高等教育、发达地区以及城市地区的教育,而欠发达地区特别是偏远地区的基础教育资源配置是相对匮乏的。第三,教育基础设施陈旧过时。"互联网＋教育"对教学的硬件环境提出了更高的要求,但是,一些偏远地区和欠发达地区由于资金有限,其教学设备数量不够,质量也不达标,有的学校连桌椅、教材、资料等都不能标准化,教育信息化根本无从谈起。

---

[1] 中国网.国家财政性教育经费投入持续增长[EB/OL]. http://jiangsu.china.com.cn/html/edu/info/8015499_1.html,2016-11-11.

[2] 沈士团.尽快实现财政性教育支出占GDP4%的目标[EB/OL]. http://news.qq.com/a/20060309/001797.htm,2006-03-10.

[3] 李志刚.欠发达地区农村基础教育存在的问题及对策[EB/OL]. http://www.xzbu.com/9/view-7043877.htm,2015-10-03.

二、深化教师教育理念,提高信息利用能力

自《2011—2020年教育信息化十年发展规划》颁布以来,各地都在大力推进"三通两平台"建设,使各学校的信息化基础设施建设在一定程度上取得了重大进展,但是,在全国教育信息化工作专项督导中发现,信息技术对教学组织、教学方法和教学模式并没有产生实质性的影响,其主要的原因在于教师①。首先,教师的教育理念并未发生转变。传统教育模式下,教师是教学活动的主体,知识是由教师传授给学生的,而在信息化教育背景之下,学生成了学习的主体,教师是学习活动的指导者和教育资源的提供者,教师要运用信息技术手段改进教学方法引导学生进行知识建构。但是在现实中,大多数教师尤其年龄较大的教师依然抱着"旧尺码"不放,即使有所改变,也是被迫接受。其次,教师培训机构的信息化建设基本配置与基础教育不匹配。由于信息化能力建设没有引起教师培训管理者和培训者自身高度重视,机构的管理者缺乏信息化管理、规划和执行能力,机构的培训者缺乏信息技术的培训和应用指导能力,致使教师培训机构的信息化条件落后。第三,部分教师特别是农村教师信息技术应用水平不达标。一是部分教师在教学中较少使用信息技术,二是部分教师仍处于信息技术应用的浅层次尝试阶段,仅在外在形式上注重信息技术的应用,缺乏对有效教学方法的深入研究,导致信息技术应用的成效不明显。

对此,我们应该致力于提高教师信息化应用能力。在"互联网+教育"的新环境下,教师的教学理念、教学设计水平、信息化

---

① 教育部.2016年全国教育信息化工作专项督导报告[R].http://www.moe.gov.cn/jyb_xwfb/gzdt_gzdt/s5987/201610/t20161031_287128.html,2016-10-31.

综合应用能力,都面临着新的挑战。不具备信息技术应用能力的教师已不能适应当前教育教学的形势,没有合格的信息化师资,"互联网+教育"只能是空谈。

三、增强学生对知识的辨别与接受能力

在传统教育中,学生所学习的知识是相对固定的,信息量较少,知识的复杂性也不高,学习者所要做的就是抓住这些固定的知识进行反复思考挖掘并进行练习。而在"互联网+教育"中,知识是不断更新、融合和拓展的,并呈指数式增长,复杂化和碎片化的趋势越来越明显,这对于已经适应了传统学习方式的学习者来讲无疑是一个巨大的挑战。挑战之一,低龄的学习者如何在鱼龙混杂的海量信息里筛选出对自身有用的知识,从而避免将自己的学习时间和精力分配到垃圾信息上造成浪费。挑战之二,学习者如何将零碎的学习时间和学习内容进行知识网络化,以增加学习的深度。由于"互联网+教育"让学习者突破了时空的限制,学习者将被允许利用任意零碎的时间去学习知识,但是这些知识是以碎片化的形式存在,如果不将这些零散的知识点串起来形成系统融入自己的知识体系中去,那么学习的深度将难以得到保证。挑战之三,低年级的学习者在很大程度上是缺乏学习主动性和积极性的,他们需要家长和教师的及时督促和指导,在"互联网+教育"的学习大环境之下如何保证学习者的学习主动性、积极性、有效性和正确性无疑是一个亟须解决的问题。挑战之四,在复杂的海量知识面前,学习者如何提升自己的信息检索素养和信息处理能力,进而快速地学习掌握新知识。

四、确保传统教育中的德育和美育不被淡化

德育是对学生进行思想、政治、道德和心理品质的教育,美育是对学生进行情操和心灵上的教育,德育可以让学生形成正确的世界观、人生观和价值观,美育可以提升学生的审美素养,丰富情感和培养气质,净化和滋润心灵。德育和美育是相辅相成、相互促进的。在对学生进行德育和美育过程中,教师扮演着重要角色,因为教师是学生美育和德育的直接实施者、引领者和示范者。在传统教育中,教师与学生面对面传授知识,在互动的过程中,教师将德育和美育自然而然的融入教学之中,让学生潜移默化地受到影响。而在"互联网＋教育"中,教育几乎是依托于互联网进行的,学生和教师之间面对面的直接互动大大减少,主要是通过互联网平台进行知识和信息层面的交流。在这个过程中,学生无法现场感知到教师的言行举止,很难体会到教师在知识传授时所传递的情感,教育中的德育和美育的功能将被淡化。

五、努力开拓应用型职业教育

应用型职业教育是"互联网＋教育"助推精准扶贫最直接、最快捷、最有效的途径。保障贫困家庭的子女接受高质量的职业教育,基于具有劳动能力的适龄劳动者就业技能,有助于实现就业脱贫。职业教育的主要功能是培养应用型人才和具备一定专业知识素养的劳动者,是最有效的"造血式"扶贫。与普通教育不同的是职业教育更加注重实践技能和实际工作能力的培养。例如,湖南省职业教育信息资源库的建立,致力于借助"互联网＋职教扶贫"的方式,来实现优质职教资源共享。为了提高贫困劳动力的就业技能水平和教育素质,国家制定了针对农村

贫困人口而实施的劳动力转移培训就业脱贫的雨露计划,为了更好地促进雨露计划的实施,宁夏借助互联网建立了雨露计划网络系统,整合多方资源将全区建档立卡的贫困子女全部纳入接受高等职业教育和中等职业教育的范围,并提供了相应的补助;农民手上只要有一部能上网的手机下载软件后就能及时地浏览扶贫信息,多种技能可以轻松地输送到农村,互联网的引入使得雨露计划的实施更加精准。另外,上海市普陀区职教联盟也推进了"互联网+职业教育"项目,以助推精准扶贫。

当前,职业教育并没有在助推精准扶贫方面发挥"最后一公里"的作用。这是因为一些偏远的贫困地区的职业教育基础薄弱,教育资源严重短缺。缺乏教育经费、优秀的师资力量和先进的设备仪器,严重影响正常的教学,其结果是培养出的学生职业技能差,不符合企业上岗的条件,导致其毕业后仍无合适工作,最终成为扶贫的对象。而且,有的职业培训处于一种孤立的、分割的状态,较少涉及职业能力和生计的内容,所培养的学生并非社会和企业所需。随着互联网的蓬勃发展,中小学在线教育市场已逐步形成,用户群体主要集中于院校学生,其中多以中小学生应试教育和学前教育为主。而在职业教育领域,网络的覆盖度分散、孤立,互联网职业教育的市场缺口巨大。

第五节 "互联网+教育"助推精准扶贫的对策建议

一、加大教育资源投入,提高教育保障水平

"精准扶贫,人才是关键。"加大人才培养力度,提高智力支持水平。教育经费和资源的充裕是"互联网+教育"顺利推进的重要先决条件。首先,中央政府应在继续加大资金投入的基础之上增设专项资金,同时要加强和统筹好地方教育专项经费投入,改善区域性的教育发展困境,推动教育资源更精准地向贫困地区倾斜。在贫困地区尝试推行15年免费教育。以"十三五"期间普及三年高中教育为契机,把贫困地区的学前教育统一纳入免费教育范围;中央和地方各级财政应及时投入增量资金,进一步加大对贫困地区教育的投入力度;重新核准偏远山区师生比,恢复部分在"撤村并校"时撤销了的村小;提高贫困地区职业教育对接能力,努力培养新型职业农民和本地产业人才。其次,各省、区、市要将教育信息化基础设施建设放在首位,在经费和其他资源的配置上给予优先考虑,重视个体性的致贫因素,探索针对贫困家庭的"订单式"教育扶贫。对家庭具备劳动力,却因缺乏技术技能或者产业知识的贫困户,帮助其掌握一至二项专业能力,通过项目快速脱贫致富;对因残疾致贫的贫困户,可采取融入职业学校专业学习、在特殊教育学校学习技能、联合送教到家等形式,助其自理自立;对在不适合居住地居住的贫困户,要通过实际移民脱贫案例,引导其认识和把握改变处境的办法;对超生子女众多的贫困户,用学校教育培养孩子的知识技能和现代化观念影响其父母,从而带动家庭整体脱贫;在陈规陋习较多的贫困地区,可发挥乡村学校的基本阵地作用,整合文化宣传力量,破除陈规陋习。再次,学校要建立信息化专项资金,每年拿出一定的经费来确保学校信息技术建设和教师培训方面的开支需求,加强对贫困地区特殊儿童群体(留守儿童、特困儿童、患病儿童)的教育帮扶,给予他们更多关爱。探索设立贫困地区特殊儿童群体教育基金;重视贫困地区特殊儿童群体的心理健康教育;要把教育扶贫与精准扶贫看成一个整体,立法强制年轻人完成系统的应有教育,提升生存谋生的职业技能,多管齐下,刨除代际贫困的根。最后,要积极探索和建立"政府主导,多方参与"的信息化建设机制,建立完善贫困地区特殊儿童群体的教育帮扶体系,实行"一对一"结对帮扶,动员社会多方力量投到"互联网+教育"环境建设上来。

二、优化资源配置,拓展互联网教育资源的覆盖面

长期以来,我国欠发达地区、偏远地区和山区一些地方学校基础设施不完善,教师不能配备到位,国家规定的课程根本无法保质开设,因此,国家和地方政府要加大对这些地方的教育投入力度,优化资源配置,逐步建立优质互联网教育资源的共建共享机制,提高互联网教育资源的覆盖水平。具体来讲就是要继续推进"宽带网络校校通"、"教学资源班班通"、"网络学习空间人人通"、"数字教育资源公共服务平台"和"教育管理信息系统平台"建设,各地要统筹"全面改善贫困地区义务教育薄弱学校基本办学条件"工作和巩固"教学点数字教育资源全覆盖"项目成果,建立起利用信息化手段帮助教学点开齐开好国家规定课程的机制,最终建立广覆盖、多层次、多类型、开放便捷的教育资源体系。近年来,我国在线中小学教育市场迅速发展,中小学教育(又称K12教育)用户使用率最高,为53.4%,较2015年底提升15.7个百分点,用户规模为7345万人,年增长率为76.9%[①]。中小学互联网设施完善为高清直播课程等在线教学方式提供基础,年轻教师对互联网接受程度高,更容易推广在线教育产品。中小学教育培训市场应以线下培训为主,辅之以在线题库、在线

---

① 中国互联网络信息中心.第39次《中国互联网络发展状况统计报告》[R]. http://www.cnnic.cn/gywm/xwzx/rdxw/20172017/201701/t20170122_66448.htm, 2017-01-22.

作业、在线课程复习等方式,线上线下相结合以达到更好的培训效果。家长作为培训课程的决策者,为优质教育服务付费的意愿和能力都较强。

三、强化教师培训,提升教师信息技术应用能力

高水平的师资队伍是发展"互联网+教育"的基本保障,因此,国家和地方各级政府要积极开展教师培训项目,以提升教师的信息技术应用水平。首先,要依据当地教育信息化环境发展与教师自身的发展需要来拓展和丰富教师培训内容,可设置分层次、立体式的培训内容体系。其次,拓展教师培训方式,引导教师主动将"互联网"与教育教学相融合,通过专题培训、集中培训、主题式培训、开展教研、举行赛课、传帮带、考核应用、案例分析等方式开展以教学实践能力为导向的教师培训,从而有针对性地提升教师的信息技术应用能力。最后,研究教师开展信息化教学的激励机制,积极鼓励教师在日常工作中多接触和使用相关技术,将其与课堂教学"捆绑"起来,引导教师在日常教学中逐渐适应并熟悉数字化教学。

四、以学生为本,加强学习个性化指导

在"互联网+教育"的大背景之下,学生面对海量的知识可能会无所适从,因此,要加强对学生的个性化学习指导,特别是要运用信息化技术来引导学生检索知识、筛选知识,提高学生信息识别、过滤和整合能力,同时注重培养学生独立思考、自主学习和互助学习的能力,以促进学生对知识的深化和内化。切实针对个性化的需求,借助互联网技术、智能终端设备以及教育云平台的支持,为学生提供一对一答疑、听课疑惑一对一解答、测试疑惑一对一解答、班主任一对一答疑、个人专属学前诊断报告、个人专属学习计划等多种个性化学习模式,为学生排疑解惑,促进学生知识水平的提高。

五、在教学活动中注重网络德育和美育的渗透

"互联网+"教育具有很强的开放性,这使得网络德育和美育成为必然,借助于信息技术手段和平台,将德育和美育渗透到教学环节中成为教学改革和课程改革的必然。首先,教师要以身示范,教师是学生接触道德和美最直接的人,教师的一言一行都要做好表率。教师要不断学习和积累德育和美育知识,在日常教学与生活中处处为人师,成为学生的道德和美的学习榜样。其次,在教学课程设计时要注重德育和美育的渗透。教师要准备好充分而丰富的教学素材,联系实际深刻理解和把握其中的内涵,并运用一些行之有效的教育方法,在每个环节尽可能地找到德育和美育的突破点。最后,教师应将德育和美育渗透到与学生积极互动的教学过程中,使师生双方都能在网络化教学中得到积极的交流和愉悦的成功体验,并引导学习者在"互联网+教育"环境中提高思想道德品质。

六、充分发挥应用型职业教育在教育扶贫中的主力军作用

"学什么"与"谁来教"是教育扶贫的"本"。互联网思维的一个重要特征就是抓住需求的"本"。而教育扶贫的"本"并不是硬件问题。过去开展的教育扶贫活动,大多是为贫困地区捐资捐物,加强硬件设施建设,但对软件问题关注不足。教育扶贫首先应该关注的是"学什么",即贫困地区究竟需要什么样的教育,需要什么类型的知识,应当开设什么样的课程。其次是"谁来教",受整体经济社会环境的制约,贫困地区即便增加资金补贴,仍然难以吸引到优秀的教师人才。因此,教育扶贫的"本"更重要的是软件问题,即课程内容、师资队伍等,其核心关键在于能否通过高水平的师资队伍将高质量、实用性强的知识、技能,有效地输送到贫困地区。职业教育是国民教育体系和人力资源开发的重要组成部分,是广大青年打开和通往成功成才大门的重要途径,肩负着培养多样化人才、传承技术技能、促进就业创业的重要职责,必须高度重视,加快发展。开展应用型职业教育应当是教育扶贫的重中之重。贫困落后地区并不缺乏可供开发的自然资源,真正缺乏的是将资源变为财富的知识、经验与技能,缺乏的是带领群众致富的企业。因此,为贫困落后地区输出应用型教育,培养大量实用型、创业型人才,帮助当地群众掌握技术、技能,创办乡镇企业,是改变当地面貌的重要举措。

通过对贫困地区青年进行职业教育培训,对农民进行脱贫意识教育和种植技巧指导,可以改变贫困劳动者的观念、传授生产经营技能,提高创业和就业能力,最终提高劳动者的整体素质,进而实现脱贫致富。当前,在线职业教育用户需求旺盛,发展空间广阔。2016年,网民对在线职业教育的使用率为34.4%,用户规模为4731万人。随着我国经济的转型升级,知识更新换代速度加快,一方面社会对技能型人才的需求越来越强烈,人才结构性矛盾越来越突出,高层次技术技能型人才的数量和结构远不能满足市场需求,职业教育是大势所趋;另一方面"人才"为提升自身竞争力,主动接受职业技能培训的意愿强烈,且有相应的付费能力。目前,在线职业教育用户群体清晰、赢利模式成熟。未来,如企业与用人单位之间进一步加强合作,针对用人单位实际需求,设计个性化课程,满足用人单位对员工知识、技能的需求,提高培训效率,减少培训成本,做到"互联网+教育+就业"一站式资源整合,市场前景将十分乐观。

第九章　山东省青岛市精准扶贫实践

第一节　山东省青岛市的基本情况

青岛因胶州湾入口处北侧的小青岛得名,该岛对岸的原青岛村、青岛口、青岛山一带均沿用青岛之称。全市总面积11282平方千米,其中市区面积1471平方千米。辖6区4市(县级),145个镇(街道),6641个行政村(社区)。2015年末常住总人口909.70万。其中,市区常住人口490.22万,较上年增长0.54%。

2015年青岛全年实现生产总值9300.07亿元,比上年增长8.1%。其中,第一产业增加值363.98亿元,第二产业增加值4026.46亿元,第三产业增加值4909.63亿元。固定资产投资6555.7亿元,一般公共预算收入1006.3亿元,一般公共预算支出1222.9亿元。社会消费品零售总额3713.7亿元,外贸进出口总额4361.3亿元。2015年末金融机构本外币存款余额13155.7亿元。

全市粮食播种面积49.3万公顷,粮食总产321.4万吨。水产品总产109.1万吨,肉、蛋、奶总产108.4万吨。2015年全年新增造林面积1万公顷,林木绿化率40%,荣获"国家森林城市"称号。全市拥有农业机械总动力854万千瓦。规模以上工业企业实现增加值增长7.5%,实现主营业务收入16715.2亿元。全年建筑业实现增加值486.8亿元,实现利税83.4亿元。

城市道路总长度4601千米。2015年完成电信业务总量176.4亿元,邮政业务总量41.6亿元。全市城镇化率达到69.99%。城市空气质量优良率达到80.3%。A级旅游景区113处,其中5A级1处、4A级24处,2015年实现旅游总收入1270.0亿元。

有普通高等院校20所,在校生32.2万人。中等专业学校和技工学校83所,在校生11.9万人。普通中学295所,在校生35.6万人。小学794所,在校生53.6万人。2015年取得重要科技成果639项,获得省级及以上科学技术奖44项,专利申请量44962件,授权专利5170件。有博物馆53个,档案馆12个,公共图书馆13所,文化馆152个。医疗卫生机构3146所,共有床位4.9万张,卫生技术人员6.6万人。

城镇居民人均可支配收入40370元,农村居民人均纯收入16730元。居民基本养老保险参保人数247.75万。全市各类福利院床位5.0万张,收养28123人。

第二节 山东省青岛市的扶贫状况

青岛作为沿海开放城市,经济基础较好,没有国家标准的贫困人口,2014年,在识别省定贫困村的基础上,青岛按照"一后一无"的标准(即行政村2013年农民人均纯收入在所在区市排名后10%、行政村无集体经营收入),创造性将经济相对薄弱的贫困村以及承担生态公益林保护、水源地保护、粮食主产等功能的经济薄弱镇,全面纳入识别范围,将市级贫困人口识别标准确定为4600元,分别高于国家扶贫标准(2736元)、山东省扶贫标准(3322元)68%和38%,分别高1864元、1278元。全市共识别了10个经济薄弱镇、200个省定贫困村、300个经济薄弱村,3万户、6.5万贫困人口。在这些贫困人口中,有低保户9000户共1.7万人,有在校学生7800人。从致贫原因看,因病、因残致贫2.5万户,占71%;贫困人口中无劳动能力3.8万人,占58%。在精准识别的基础上,青岛举全市之力扎实开展精准扶贫工作,计划三年内每年脱贫2万人,到2017年全面完成扶贫任务。

虽然青岛市扶贫对象识别工作标准高、范围广、对象实,但由于农村基础设施建设欠账多、"老弱病残"特殊贫困人口比例大、贫困人口相对分散等问题,精准脱贫攻坚任务仍然艰巨。无劳动能力的老弱病残人口基本没有自我脱贫能力,需要政府兜底脱贫。为率先实现全面建成小康社会的目标,近年来,青岛市按照"政府主导、社会参与、精准到户、扶贫到人"的思路,因地制宜,整合资源,坚持"输血"与"造血"并重、扶贫与"强智"共举,全面落实精准扶贫各项措施,走出了一条符合青岛实际并具有地方特色的扶贫开发新路子。

一、科学编制扶贫发展规划

全市坚持摸清底数扶"真贫",摸清了贫困村、贫困户经济基础、产业基础、劳动力状况、村级班子、贫困家庭学生、贫困原因、劳动力培训意向、发展方向等八个贫困底子。在此基础上,按照"一镇一规、一村一策、一户一案"的要求,组织各区(市)编制经济薄弱镇三年扶贫发展规划,制订贫困村、贫困户发展对策和帮扶方案,明确脱贫的时间表、路线图。按照"一图、一册、一板、一档"的要求,组织各区(市)编制区(市)扶贫地图、贫困村公示板、贫困户扶贫手册和扶贫档案,为精准脱贫奠定基础。

二、因人因地施策推进扶贫

对经济薄弱镇、贫困村、经济薄弱村,重点加强基础设施建设,实施了镇"六项工程"(道路、排水、污水处理、文化广场、综合服务中心、镇容镇貌)和村"八项工程"(道路、饮水安全、农村用电、文化小广场、村庄亮化、农田小型水利、办公和服务场所)建设。比如,水利部门在72个省定贫困村、87个市定经济薄弱村实施小型农田水利建设,103个省定贫困村实现规模化供水,保证了农村居民吃上干净的自来水。同时按照宜农则农、宜商则商、宜游则游原则,支持镇村立足自身优势,发展"一镇一业"、"一村一品",提高"造血"能力。对贫困户坚持分类指导,对有劳动能力的,实施产业开发、就业创业技能培训、"雨露计划"及小额信贷,促进就业创业增收;对没有劳动能力的贫困人口,通过低保兜底、社会救助、医疗救助等兜底脱贫。

三、凝聚力量完善大扶贫格局

为加快脱贫致富步伐,青岛市构建起了专项扶贫、行业扶贫和社会扶贫"三位一体"的扶贫开发格局,多措并举,合力攻坚。全市各级加大财政资金投入,实施财政扶贫开发专项项目,通过"输血",促进扶贫对象增收;发挥政府行业部门职能作用,共同推进扶贫开发工作,加快改善贫困对象的生产生活条件;动员企业、个人等社会力量,共同参与扶贫开发。2016年,全市各级投入专项扶贫资金3.24亿元,整合各类涉农资金1.9亿元用于扶贫。安排省定贫困村和经济薄弱村产业项目451个,其中"种养加"项目64个、光伏项目108个、电商项目4个、旅游项目18个、异地物业及其他项目257个,通过项目带动增加贫困人口收入。推进农村扶贫与低保有效衔接,对完全或部分丧失劳动能力的16000名贫困人口,全部纳入农村低保兜底。

为打造先行先试的青岛样板,青岛出台了《关于率先完成农村精准脱贫任务的意见》,将脱贫攻坚列为"十三五"规划的重要内容,并编制了27个专项实施方案,形成了"1+N+6"政策体系。落实33名市级领导帮村、673名市级第一书记驻村和22家市属国企帮镇等定点帮扶机制,实现贫困村、经济薄弱村"第一书记"全覆盖。发挥"第一书记"带头人作用,开展"健康扶贫"行动,组织市级三甲医院一对一,与平度、莱西市10个经济薄弱镇建立稳定的帮扶关系;开展"教育扶贫"行动,完善从学前教育至高等教育各个学段的家庭困难学生的资助体系,扩大家庭困难学生的资助范围,提高资助标准;开展"企业扶贫"行动,实施"村企共建",努力做到每一个贫困村、经济薄弱村,都有一个对口帮扶部门和一家帮扶企业,不脱贫不脱钩。重点实施"四个一批",通过扶持生产和就业发展一批,通过移民搬迁安置一批,通过低保政策兜底一批,通过医疗救助扶持一批,实现贫困人口精准脱贫。对7800个贫困家庭的在校学生,组织党政干部和社会各界人士,一对一帮助完成学业。建立完善精准脱贫动态管理机制,适时引入第三方评估,确保稳定脱贫户及时退出,新贫困户能够进得来,确保让农村贫困人口共享改革发展成果,率先启动城镇扶贫。

第三节 山东省青岛市精准扶贫举措

党的十八届五中全会明确提出2020年农村贫困人口全部脱贫的目标后,各地都把精准扶贫、精准脱贫作为一项重大的任务,青岛也不例外。为了顺利实现既定目标任务,青岛市扶贫开发打出"组合拳",充分发挥行业优势、调动社会力量,广泛凝聚各界合力,在精准扶贫方面频出实招。

一、培育特色农产品品牌,青岛产业扶贫精准发力

产业是致富之源、脱贫之基。抓好扶贫攻坚,既要"输血",中央2020年全部脱贫更要"造血"。通过扶持建设一批贫困人口参与度高的特色产业基地等举措,青岛产业扶贫精准发力。

(一)大力发展农业特色产业

改善生产基础条件。加快改善经济薄弱镇(村)、贫困村(户)农业生产基础条件,大力开展水肥一体化技术示范,稳步提高农业综合生产能力。

发展壮大农业园区。各区(市)整合农业产业扶贫资金,打造扶贫农业园区,吸纳贫困人口就业。依托近几年来建设的农业科技园区、现代农业示范区、农业标准化示范园、农业观光采摘园等各种类型农业园区,支持经济薄弱镇(村)、贫困村(户)发展特色园艺产业。

培育农产品品牌。加大农产品品牌推介营销支持力度,培育一批具有一定市场竞争力的优质品牌,推进经济薄弱镇(村)、贫困村特色农产品规模化生产、标准化管理、产业化经营、品牌化营销,提高农产品比较效益。

积极发展休闲农业。依托当地自然资源环境和独特农耕文化以及旅游资源等,扶持经济薄弱镇(村)、贫困村发展特色经济、休闲农业、生态农业,引导发展"农家乐"、特色采摘、农耕体验、健康养生等乡村旅游。

(二)努力增加农村贫困人口资产收益

引导贫困农户流转土地经营权。将有流转意愿的贫困农户的承包地优先在镇级以上流转服务平台上进行推介,鼓励贫困户采取委托经营、合作经营等方式,以承包地作为股份加入土地合作社,提高贫困户的承包土地增值收益水平。

推进农村集体产权制度改革。支持有经营性资产和"四荒地"等闲置资源的贫困村,通过盘活资产、开发资源,发展壮大集体经济,增强村集体带动服务能力。鼓励有条件的村庄推进农村集体产权制度改革,将除承包地以外的土地资源及房屋、设备等经营性资产,以入股、合作、租赁等形式进行经营,发展多种类型的股份合作。

(三)充分发挥新型经营主体的扶贫带动作用

支持具备条件的贫困村成立农民专业合作社;已成立农民专业合作社的贫困村要积极吸纳贫困户入社,鼓励有劳动能力的贫困户加入农民专业合作社。

发挥家庭农场带动作用。开展家庭农场示范场对贫困农户的结对帮扶、示范带动活动,鼓励省、市及区(市)级家庭农场示范场为周边从事种植的贫困农户提供指导服务。

发挥龙头企业带动作用。进一步完善对农业产业化龙头企业的扶持政策,强化指导服务,不断增强龙头企业辐射带动能力。

发挥"乡村之星"带动作用。发动"乡村之星",开展"争当扶贫之星,争做带富标兵"活动,帮扶成果将作为"乡村之星"考核的重要依据。

(四)积极推进农业科技促脱贫工作

加快农业科技服务。围绕经济薄弱镇(村)、贫困村(户)特色农业发展,加大农业科技攻关和成果转化力度,加快推广农作物优质高产品种和高效栽培模式、测土配方施肥技术、无公害生产技术、秸秆综合利用技术等适合贫困地区特点及需求的良种良法。

开展科技下乡扶贫活动。以科技进村、入户、到田,推广稳产增产和抗灾减灾技术为重点,根据经济薄弱镇(村)、贫困村(户)种植特点,组织千名技术人员下乡活动,为推进贫困地区农业产业发展提供强有力支撑。

培育农业科技示范户。以基层农技推广补助项目为依托,建立市(区)、镇(街道)两级农技人员直接到户、良种良法直接到田、技术要领直接到人的农技推广新机制,在项目实施范围内每个贫困村选派1名农业技术指导员。

提高农民创业就业技能。把提高贫困农民素质能力作为脱贫的内生发展动力,在贫困村广泛开展各种形式的农民培训,着力提高贫困农民的科技素质和致富能力。开发一批"实际、实用、实效"教程,用于贫困劳动力就业创业培训。

加快农业信息化建设。各级农业部门全面开展对经济薄弱镇(村)、贫困村(户)的农业信息服务。鼓励经济薄弱镇村建立电商平台,优先在经济薄弱镇(村)、贫困村建立"益农信息社",免费培训电商人员,把产品优势转化为市场优势。

二、挖掘乡村特色,青岛旅游扶贫精准发力

旅游扶贫是扶贫攻坚的有效方式,是贫困群众脱贫致富的重要渠道。青岛市积极探索农村旅游扶贫,引导和支持省、市扶贫村发展农家乐、特色采摘、农耕体验、休闲养生、旅游产品制作等乡村旅游业态,推动旅游产业扶贫,拓展农民增收渠道,带动贫困户通过发展乡村旅游就业增收。目前,全市有樱桃节、蓝莓节、葡萄节等乡村旅游节庆活动80余个,形成了乡村旅游"一日游"线路26条,34个贫困(经济薄弱)村新上观光农业项目,乡村旅游已成为旅游消费市场的新热点,旅游脱贫的新亮点。

(一)实施旅游扶贫科学管理

按照国家制定的统一扶贫对象识别标准、方法和程序,对贫困村建立全市乡村旅游精准扶贫台账,精准掌握扶贫村、贫困户、贫困人口分布情况和特别需求;对贫困村进行旅游资源普查和摸底,梳理资源、人力优势、招商项目等基本信息,填报旅游扶贫工程在线填报系统,对贫困村、贫困户、贫困人口实施科学分类及动态管理。

(二)拓宽旅游扶贫渠道

对新创建的青岛市乡村旅游特色镇(街道)、特色村(社区)、特色点、合作社分别给予30万元、20万元、10万元、10万元的奖励;对达到相应标准和要求的乡村旅游节会等项目给予资金补助。指导贫困村所在乡镇创建省级旅游强乡镇;贫困村创建省、市级旅游特色村及A级景区。探索与金融机构合作,采取宅基地抵押形式,争取政策性贷款支持。加大招商力度,引导社会资本投入贫困村开发,集中打造精品旅游项目,带动贫困户创业增收。

(三)完善公共服务体系

强化贫困村的旅游公共服务基础设施建设,形成与城市发展格局相衔接的旅游配套服务设施。建立健全主要乡村旅游点的旅游交通引导标识系统和旅游咨询服务网络建设,对通过考核验收的,给予一定的投入扶持。实施旅游扶贫"互联网+工程",用好青岛旅游政务网等网络平台,深化与旅游电商合作,将贫困村产品、项目等整体打包,实现网上形象推广、网上产品营销、网上项目招商、网上食宿预订、网上商品售卖。支持贫困村建设电商平台,通过微信、微博、移动手机客户端等方式,强化宣传推介。

第九章 山东省青岛市精准扶贫实践

(四)实施联动帮扶结对子

引导各类协会发动企事业单位与贫困村、贫困户结对子。星级饭店与贫困村结对子,指导提升农家乐服务质量;旅游景区与贫困村结对子,纳入其营销体系,引导游客到贫困村购买农副产品;旅行社与贫困村结对子,将其纳入营销线路,输送客源。

三、打通基础服务"最后一公里",青岛金融扶贫精准发力

金融扶贫是精准扶贫战略的重要组成部分,在推动"扶贫+"政策整合优化、提高扶贫政策实效性方面的作用不可代替。2016年,青岛市出台金融扶贫实施方案,创新财政资金使用方法,撬动金融和社会资本更多投向农业农村,壮大农村金融组织,抓好青岛农商银行、村镇银行、小额贷款公司等小微金融机构,农村合作金融组织"三股力量",丰富农村金融服务"毛细血管",为农业农村发展提供高效便利、成本更低的金融服务,进一步助推精准扶贫工作。

(一)开展金融扶贫摸底建档工作

要解决好"扶持谁"的问题,首先要归集、采集贫困线以下的人口和家庭数据,建立贫困人口和贫困家庭数据库,开展贫困人口和贫困家庭大数据分析,真正实施精准扶贫。2016年,建档立卡贫困户482户,摸排融资需求2325万元,发放扶贫小额贷款2047万元。

(二)加大农业基础设施信贷投入

充分发挥政策性金融作用,加大对贫困地区农业基础设施信贷投入。2016年,国开行、农发行共向经济薄弱镇(村)、贫困村发放基础设施建设贷款146.4亿元;受理助学贷款申请2245人次,受理金额1760.6万元。

(三)创新金融产品和服务模式

开展渔船、海域滩涂使用权、农产品存货等抵押贷款,盘活农业资产。通过"公司+农户"统一授信、"公司担保+农户贷款"等方式支持新型农业经营主体帮扶贫困户实现脱贫。2016年,累计向68家新型农业经营主体发放贷款9.6亿元。

(四)承接全市大病保险

全面承接全市大病保险,缓解"因病致贫、因病返贫"。目前,青岛市大病保险主要分为城乡居民大病医疗保险和城镇职工大病医疗保险,参保人数728万,基本实现城乡居民全覆盖。

(五)打通基础金融服务"最后一公里"

目前,青岛市基本实现了"行政村金融基础设施100%全覆盖"、"行政村机具取款100%全覆盖"和"手机支付业务100%全覆盖"以及"县域以下各类银行机构100%参与"的"四个100%"的目标,全市农村区域布放各类支付终端近5万台,实现基础金融服务"村村通"。

四、从学前到大学全覆盖,青岛教育扶贫精准发力

教育扶贫是国家扶贫开发战略的重要任务,关系国家、民族未来的战略性决策部署。2016年,青岛市出台教育扶贫实施方案,对市定扶贫标准下建档立卡的农村贫困家庭学生,实现从学前教育到高等教育资助全覆盖,免收适龄儿童学前教育保教费,免收普通高中学生学杂费,不让一个贫困学生因贫失学;年度内对市定扶贫标准下经济薄弱镇(村)有职业技能需求的劳动力,提供免费培训的网络平台,确保贫困家庭稳步脱贫。

(一)城乡区域学校结对帮扶

2016年,凡有农村学校的区(市),全部启动区域内城乡义务教育学校结对帮扶工作;2017年,帮扶活动全面推开,其中,

省扶贫工作重点村薄弱中小学结对率达到100%。校长、中层干部和骨干教师进行双向挂职交流,将优质学校先进的办学思想、教育理念、管理方式和教育教学方法等,输送到经济薄弱镇(村)学校,快速提升经济薄弱镇(村)学校的教育教学水平和质量,保障经济薄弱镇(村)孩子享受优质教育资源。

(二)加强优质数字教育资源共享

依托青岛教育资源公共服务平台,汇聚覆盖学前教育、义务教育、高中教育和中职教育的优质微课、优课等数字教育资源,让经济薄弱镇(村)中小学师生共享优质数字教育资源。

(三)加强师资队伍建设

2016~2017年,通过选派优秀教师到经济薄弱镇(村)学校支教以及购买服务等方式,配齐配足经济薄弱镇(村)学校音、体、美等学科教师;优先安排经济薄弱镇(村)中小学校长、教师参加培训,对在经济薄弱镇(村)学校支教的干部和教师在职称评定等方面进行倾斜,鼓励优秀校长、教师到经济薄弱镇(村)学校任教。

(四)完善贫困家庭学生资助体系

到2018年,全市力争构建起覆盖各教育阶段的精准资助体系。逐年完善普通高中、中等职业学校、普通本科高校和高等职业学校家庭经济困难学生资助政策体系。其中,学前教育阶段,自2016年起,免除建档立卡的农村贫困家庭适龄儿童学前教育保教费。义务教育阶段,自2016年起,对市定扶贫标准下建档立卡的农村贫困家庭寄宿生全部补助生活费,确保义务教育阶段建档立卡的农村贫困寄宿学生100%资助全覆盖。普通高中教育阶段,免除建档立卡的农村贫困家庭普通高中学生学杂费。中等职业教育阶段,在全部免除中等职业学校全日制学生学费的基础上,对建档立卡的农村贫困家庭中等职业学校学生发放国家助学金。高等教育阶段,对升入青岛市属高校的建档立卡的农村贫困家庭学生,按"绿色通道"办理入学手续。

(五)加大经济薄弱镇村技能培训力度

通过青岛市数字化学习平台,为经济薄弱镇(村)的劳动力免费提供职业技术培训课程,为经济薄弱镇(村)的劳动力掌握至少一门足以脱贫的劳动技能提供技术支持,提高贫困人口就业创业能力,增强其脱贫致富的造血功能。

五、实施"五大行动",青岛就业与保障扶贫精准发力

为做好就业与社会保障精准扶贫工作,青岛市实施"五大行动",从就业、创业、技能、人才和社保方面,在精准识别的基础上,对全市建档立卡的农村贫困人口,因人因地、因贫困原因、因贫困类型分类施策,集中开展就业与社会保障扶贫工作,实施积极的就业政策,健全公平可持续的社会保障体系。

(一)就业扶贫行动

建立精准识别卡。各区(市)人力资源社会保障部门会同扶贫办组织各街道(镇)对农村贫困人口逐一摸底调查,开展农村贫困人口基本情况、就业需求、创业意向、培训意愿、社会保障状况、帮扶措施"六清"登记,统一建立"青岛市建档立卡农村贫困人口就业与社会保障情况精准识别卡",由街道(镇)人力资源社会保障服务中心录入公共就业一体化信息系统,实行一人一策、分类帮扶,促进农村贫困人口就业脱贫。对有劳动能力、就业愿望且无业的劳动年龄农村贫困人口,全部纳入失业登记范围,可同时认定为就业困难人员,按规定享受相关就业创业政策。做实精准识别,实施分类帮扶就业。

(二)创业扶贫行动

贫困人口创业给予万元补贴。自2016年起,对劳动年龄农村贫困人口从事个体经营、创办企业（含网店及民办非企业单位）并正常经营,符合条件的,由工商注册地区(市)给予1万元的一次性创业补贴,由市财政按每人5000元标准给予奖补。实施"互联网＋"创业扶贫计划支持农村贫困人口网上创业,推广"淘宝村"发展经验,搭建"互联网＋农业"网上平台,建设一批"电商示范村",拓宽农村贫困人口自产特色农产品的外销途径。

(三)技能扶贫行动

开展"短平快"实用技能培训。各区(市)扶贫办会同人力资源社会保障部门指导各街道(镇)对辖区内有劳动能力的农村贫困人口进行培训需求登记,委托相应的培训机构、民间艺人或技能工匠与有培训意愿的贫困人口签订培训计划书,开展实用技能培训。大力开展电子商务培训,提升电商创业技能。鼓励区(市)以"技能培训田间课堂"、"培训大篷车下乡"等"短平快"的培训形式,对农村贫困人口开展实用技能培训。

(四)人才扶贫行动

吸引高校毕业生投身扶贫工作。落实省"三支一扶"计划,选派优秀高校毕业生从事"三支一扶"相关工作。到岗毕业生服务期内连续两年考核均为优秀的,服务期满后原服务单位继续需要且本人有意愿继续服务的,可按规定免笔试,通过考核直接聘用,考核办法由区(市)自行制定。加大从扶贫相关岗位中考录基层公务员定向考录比例。

(五)社保扶贫行动

提高农村贫困人口养老保障水平。通过实施全民参保登记计划,将农村贫困人口全部纳入社会保险保障体系。对重度残疾农村贫困人口,由政府按规定的标准代缴居民养老保险费。对符合条件的参保人员按时足额支付居民养老保险基础养老金,标准不低于国家和省规定标准,并根据国家、省规定和青岛市经济发展情况,适时调整基础养老金标准。

第四节　山东省青岛市精准扶贫成效

一、青岛市精准扶贫精准脱贫成效

扶贫攻坚战已经在青岛打响,从攻坚战的成果看,青岛2016年底实现了市定标准下建档立卡贫困人口全部脱贫。扶贫期间还率先启动城镇扶贫,以基本建立与经济社会发展水平相适应的动态扶贫机制和社会保障体系为目标,研究制定了城镇扶贫政策意见,努力打造先行先试的青岛样板。

(一)农村扶贫首战告捷

建档立卡的农村贫困人口28535户、63887人全部脱贫,51个省定贫困村和79个市定经济薄弱村脱贫摘帽;完成农村危房改造6000套;全市2401个村(社区)开展农村集体产权制度改革,贫困人口1.2万人成为有股金、薪金、租金、医保金、养老金的"五金"农民,累计分红2000万元,每人每年可增加收入1600元;组织4次精准识别"回头看"和数据清洗核实,纠正信息8000条,清退"沙子户"7454人,新增识别2033人,彻底摸清贫困家底。

(二)产业扶贫更加精准

发挥地域特色,依托20多个特色小镇带动154个贫困(薄弱)村新上特色"种养加"项目,推动农区变景区,打造80多个乡村旅游节庆活动,26条"一日游"乡村旅游线路。

(三)扶贫投入力度加大

全市各级投入专项扶贫资金3.24亿元,其中市级专项扶贫资金安排 1.84 亿元,比上年增长 48.5%;区(市)安排财政专项扶贫资金 1.4 亿元,比上年增长 2.5 倍。全市金融系统累计为贫困户发放个人贷款 1473.3 万元,为农业产业化龙头企业贷款达 29 亿元,用于支持吸纳贫困人口就业。

(四)社保救助全覆盖

对完全或部分丧失劳动能力的 16000 名贫困人口,全部纳入农村低保兜底。建成各类残疾人托养服务机构 46 家,托养残疾人 8800 余名;建成定向安置农村贫困残疾人就业扶贫基地 16 处。2131 名省定患病贫困人口已落实分类救治措施,救治任务完成率 81%。投入资金 1.21 亿元,为全市 55000 名家庭困难儿童和学生发放奖学金和助学金,实现建档立卡家庭困难学生资助全覆盖。

(五)对口支援和扶贫协作工作有序推进

与安顺的 46 个镇(街道)、146 个区(市)直部门建立合作交流关系。为安顺市累计投入市级财政资金 2.49 亿元,实施各类帮扶项目 1500 余个,援建 150 余个温饱村(开发式扶贫村)。投资 5 亿元、建筑面积 7 万余平方米的青岛安顺共建园区综合体项目将于 2017 年 6 月投入使用。与日喀则桑珠孜区 23 个乡(街道)结为友好互助对子。胶州市与陕西省宁陕县签订了结对帮扶合作协议,产业合作和劳务协作取得了实质性进展。投资 1350 万元,帮扶建设夷陵区"青岛宜昌产业园",安置就业移民近千人。

二、青岛市精准扶贫精准脱贫目标

2017 年,青岛将确保剩余的 149 个省定贫困村和 231 个市定经济薄弱村实现全部脱贫摘帽。实施农村环境"七改"工程,年内完成改造农村义务教育薄弱学校 100 所和农村智慧校园

300所建设任务。通过实施就业救助、教育助学、健康扶贫、社保兜底、住房保障、特困扶助等措施,着力解决好贫困人口最直接、最紧迫的现实困难问题,尽快缩小与社会平均生活水平的差距。按照率先实现全面建成小康社会的目标,全面完成扶贫任务。

(一)农村扶贫和城镇扶贫并举

2017年是岛城打赢脱贫攻坚战的关键一年,为了做好全市扶贫开发工作,让所有困难群众有更多的获得感和幸福感,青岛市将坚持贫困人口脱贫和贫困(经济薄弱)村摘帽并举,坚持农村扶贫与城镇扶贫并举,坚持对内扶贫和对外扶贫并举,实现脱贫成果长效化、脱贫工作全域化、扶贫协作一体化。推进健康扶贫,解决因病因残致贫医疗保障问题。在2016年建档立卡贫困人口全部实现脱贫的基础上,瞄准已脱贫建档立卡贫困人口,坚持资金不减、力量不减、帮扶不减,确保贫困人口生活和居住环境持续有明显改善。将实施贫困监测网格化、信息化动态管理,对新致贫和返贫人口灵敏监测、快速认定、及时纳入。

(二)剩余贫困薄弱村年底全摘帽

2017年,青岛还将加快项目进村,因地制宜,依托现有高效农业等产业优势发展"一村一品"特色产业,推动全市380个贫困(经济薄弱)村扶贫项目实现当年完工,尽早受益。到年底,确保剩余的149个省定贫困村和231个市定经济薄弱村实现全部脱贫摘帽。同时,完善城镇扶贫政策体系,建立"市级统筹、区(市)负责、街道落实"的三级扶贫责任体系,全面启动城镇扶贫。建设城镇扶贫信息管理系统,把城镇贫困人口基本信息、各类扶贫政策措施和专项扶贫、行业扶贫、社会扶贫资源等统一纳入系统数据库。针对不同群体的特点,制定具体的分类帮扶措施。并搭建城镇扶贫供需对接平台,合理配置需求信息和供给资源。

(三)推进对口支援和扶贫协作

2017年,围绕"提升安顺、突破陇南、用力菏泽"的战略目标,青岛市将扎实推进对口支援和扶贫协作。按照部署,青岛市将抓好市委关于扶贫协作菏泽的责任分工方案的推进落实,按照贫困人口就业扶贫的需求,年内帮扶菏泽建成就业扶贫车间。因地制宜搞好产业合作,帮助甘肃陇南、山东菏泽、西藏桑珠孜区、湖北夷陵区等受援地共建产业园区。2017年青岛将重点帮扶安顺16个贫困村提升生产生活条件和公共服务水平。年内力争2个以上签约项目在青岛安顺共建产业园区开工建设,推动青岛至安顺直飞航班有实质性进展。鼓励和引导岛城企业参与对口支援和扶贫协作工作,积极吸纳当地建档立卡贫困人员就业,并组织企业、劳务中介机构到安顺、陇南、菏泽等受援地开展招聘就业活动。

参考文献

[1] 陈飞,卢建词.收入增长与分配结构扭曲的农村减贫效应研究[J].经济研究,2014(2):101-114.

[2] 陈宗胜,沈扬扬,周云波.中国农村贫困状况的绝对与相对变动——兼论相对贫困线的设定[J].管理世界,2013(1):67-75.

[3] 邓小海,曾亮,罗明义.精准扶贫背景下旅游扶贫精准识别研究[J].生态经济,2015(4):94-98.

[4] 高梦滔.城市贫困家庭青年就业与收入的实证研究——基于西部三个城市的微观数据[J].管理世界,2006(11):51-58.

[5] 郭熙保,罗知.贸易自由化、经济增长与减轻贫困——基于中国省际数据的经验研究[J].管理世界,2008(2):15-24.

[6] 郭兴平.新形势的金融扶贫:形势、问题和路径[J].农村金融研究,2013(3):12-16.

[7] 韩建民,赵永平.中国经济增长中的农村贫困问题探讨[J].农业现代化研究.2007,28(2):135-139.

[8] 康晓光.90年代我国的贫困与反贫困战略[J].中国国情国力,1995(7):10-13.

[9] 李国平.基于政策实践的广东立体化旅游扶贫模式探析[J].旅游学刊,2004(5):56-60.

[10] 李小云,等.中国财政扶贫资金的瞄准与偏离[M].北京:社

会科学文献出版社,2006.

[11] 李永文,陈玉英.旅游扶贫开发的 RHB 战略初探[J].经济地理,2004(4):560-563.

[12] 李永友,沈坤荣.财政支出结构、相对贫困与经济增长[J].管理世界,2007(11):14-26.

[13] 刘冬梅.中国政府开发式扶贫资金投放效果的实证研究[J].管理世界,2001(6):123-131.

[14] 刘坚.新阶段扶贫开发的成就与挑战:《中国农村扶贫开发纲要(2001—2010 年)》中期评估报告[M].北京:中国财政经济出版社,2006.

[15] 刘解龙.经济新常态中的精准扶贫理论与机制创新[J].湖南社会科学,2015(4):156-159.

[16] 刘龙,李丰春.论农村贫困文化的表现成因及其消解[J].农业现代化研究,2007,28(5):583-585.

[17] 罗楚亮.经济增长、收入差距与农村贫困[J].经济研究,2012(2):15-27.

[18] 梅方权.农业信息化带动农业现代化的战略分析[J].中国农村经济,2001(12):22-26.

[19] 欧阳日辉.互联网金融监管:自律、包容与创新[M].北京:经济科学出版社,2015.

[20] 丘希明,等.透视中国农村贫困[M].北京:经济科学出版社,2007.

[21] 孙宝文,欧阳日晖,王天梅.互联网金融元年:跨界、变革与融合[M].北京:经济科学出版社.2014.

[22] 童星,林闽钢.我国农村贫困标准线研究[J].中国社会科学,1994(3):86-98.

[23] 汪三贵.在发展中战胜贫困——对中国 30 年大规模减贫

经验的总结与评价[J].管理世界,2008(11):78-88.

[24] 汪向东,王昕天.电子商务与信息扶贫:互联网时代扶贫工作的新特点[J].西北农林科技大学学报,2015,15(4):98-104.

[25] 王科.中国贫困地区自我发展能力解构与培育——基于主体功能区的新视角[J].甘肃社会科学,2008(3):100-103.

[26] 吴霞.新型金融扶贫模式力促贫困地区产业发展[J].金融世界,2015(12):62-65.

[27] 谢东梅,李晓明,刘乔巧.生态移民瞄准精度实证研究——以宁夏为例[J].农业技术经济,2011(9):24-32.

[28] 谢平,邹传伟.互联网金融模式研究[J].金融研究,2012(12):11-12.

[29] 徐月宾,刘凤芹,张秀兰.中国农村反贫困政策的反思——从社会救助向社会保护转变[J].中国社会科学,2007(3):40-53.

[30] 徐月宾,刘凤芹,张秀兰.中国农村贫困与农村社会保障制度的重建(英文)[J].Social Sciences in China,2007(4):51-61.

[31] 许源源.中国农村扶贫瞄准问题研究[D].中山大学,2006.

[32] 攸频,田菁.贫困减少与经济增长和收入不平等的关系研究——基于时序数据[J].管理科学,2009(4):115-120.

[33] 张克中,冯俊诚.通货膨胀、不平等与亲贫式增长——来自中国的实证研究[J].管理世界,2010(5):27-33.

[34] 张永亮,肖毅敏.农村扶贫开发的金融支持创新[J].湖南社会科学,2014(3):162-164.

[35] 章元,许庆,邬璟璟.一个农业人口大国的工业化之路:中国降低农村贫困的经验[J].经济研究,2012(11):76-87.

[36] 赵继海,张松柏,沈瑛.农业信息化理论与实践[M].北京:中国农业科学技术出版社,2002.

[37] 郑世艳,吴国清.消除能力贫困——农村反贫困的新思路[J].农村经济与科技,2008(6):24-26.

[38] 中国互联网络信息中心.第39次《中国互联网络发展状况统计报告》[R].http://www.cnnic.cn/gywm/xwzx/rdxw/20172017/201701/t20170122_66448.htm,2017-01-22.

[39] 周歆红.关注旅游扶贫的核心问题[J].旅游学刊,2002(1):17-21.

[40] 朱家瑞,起建凌.农村电子商务扶贫模式构建研究[J].农业网络信息,2015(1):22-27.

[41] Allen F. E-Finance:An Introduction[J]. Financial Services Research. 2002,22(1):5-27.

[42] Hirschman A O. The strategy of Economic Development [M]. New Haven:Yale University Press,1958:1331-1424.

[43] Janvry A D,Sadoulet E & Zhu N. The Role of non-Fam Incomes in Reduction Rural Poverty and Inequality in China[J]. Journal of Economics,1999,(20):46-60.

[44] Myrdal G. A Critical Appraisal of the Concept and Theory of Underdevelopment [J]. In Essays on Econometrics and Planning in Honor of P. C. Mahalano-bissiness,1965,(8):28-43.

[45] Nyhan,Ronald,Hebert. Performance measurement in the public sector:challenges and opportunity[J]. Public productivity & Management Review,1995,(18):57-1.

[46] Sen Amartya. Poverty:An Ordinal Approach to Measurement [J]. Econometric,1976,44(2):219-231.